hugo

ADVANCED
FRENCH

Jacqueline Lecanuet & Ronald Overy

DK

LONDON, NEW YORK, MUNICH,
MELBOURNE, AND DELHI

This edition published in Great Britain
in 2004 by Dorling Kindersley Limited,
80 Strand, London WC2R 0RL

First published in Great Britain
by Hugo's Language Books Limited, 1993

A CIP catalogue record is available from the British Library.
ISBN 1–4053–0482–0

Hugo Advanced French is also available in
a pack with three CDs, ISBN 1–4053–0485–5

Hugo Advanced French is also available with Hugo French in
Three Months as Hugo Complete French in a pack with six CDs,
ISBN 1–4053–0488–X

Jacqueline Lecanuet L. ès L., PG Dip. Ling.
Formerly Principal Lecturer in French at The School of
International Business and Languages,
South Bank University, London
and
Ronald Overy F.I.L.
Formerly Senior Lecturer at The Language Centre,
South Bank Polytechnic, London

Edited by
Jennifer Yoboué

Printed and bound in China by Leo Paper Product Limited

see our complete catalogue at
www.dk.com

Contents

Preface

You have no doubt successfully completed *Hugo French in Three Months*, or another self-study beginners' course – or maybe you just want to brush up on your rusty knowledge of French. Whatever your reasons for wanting to take your French further, in this course you will find everything you need to become an accomplished speaker and writer of the French language.

It is not necessary to have studied *Hugo French in Three Months*, although we do sometimes refer to it in the grammar explanations in this book, in case you need to revise some elementary grammar. Where such revision is essential, we will provide it in the *Hugo Advanced French* course.

THE AIM OF THE COURSE

The *Hugo Advanced French* course has been designed for those who already have a sound, basic knowledge of the language and who wish now to continue their studies with a view to becoming more proficient, more fluent and more confident in both the spoken and written language.

When you have completed the course, your French will not only be very correct grammatically, but it will have an authentic French 'ring' about it. You will be able to use idiomatic expressions, colloquialisms, proverbs and turns of phrase that are usually acquired only after several years' residence in a French-speaking country. You will have no difficulty in distinguishing between formal and informal language.

You will also be familiar with French customs, traditions and even regional characteristics, and you will be able to discuss in French important issues such as education, the world of work, the European Union, the consumer society and politics.

In addition to being ideal for self-tuition, the course will be helpful in bridging the gap between GCSE and GCE

'A' level. It will also be very useful for students preparing for professional examinations such as the Institute of Linguists, the Royal Society of Arts and the London Chamber of Commerce at intermediate/advanced levels. The course will be invaluable for those open-access language centres which require material for their 'self-managed language studies'.

METHOD

Each lesson of the course normally consists of:

a) an introduction in French (with vocabulary notes in English) to the topic being studied – for example, the French education system in Lesson 4, France and the European Union in Lesson 6;
b) an authentic text (or texts) taken from a French newspaper or magazine, dealing with a subject of general interest related to the overall topic of the lesson. Each text is followed by detailed translation notes and lists of new words;
c) explanatory notes arranged in numbered sections; these begin by rapidly revising those basic grammatical points that you should know but which may have been forgotten, and then go on to discuss, with additional examples, the new structures appearing in the text;
d) a number of varied, lively and contextualised exercises – you will find a key containing the answers to all the exercises at the back of the book.

There are also two self-assessment tests, the first of which appears after lesson 5 and the second at the end of the course. These tests will enable you to measure your progress and to see whether any revision is necessary in particular areas.

A set of appendices provide reference on the conjugation of regular and irregular verbs, and some rules for determining the gender of French nouns. There is also a mini-dictionary which you may find useful for ready reference while following the course, although you are advised to buy a good bilingual dictionary if you do not already possess one.

ORAL PRACTICE

The three CDs that accompany the course will accustom your ear to French as pronounced by native speakers. They will also ensure that your own accent is as near-perfect as possible – and will, of course, make the lessons that much more interesting and entertaining.

On the CDs you will find the introductions and texts from the lessons in the book presented for listening comprehension, plus selected exercises that give you an opportunity to practise speaking French. We also demonstrate specific points of French pronunciation, such as the difference between the four nasal sounds that often cause problems for learners.

We think you'll enjoy the *Hugo Advanced French* course, and we would like to wish you good luck with your studies.

D0317135

ACKNOWLEDGEMENTS

Thanks are due to those organizations which have kindly allowed us to use their copyright material, namely: *Le Monde*, Paris; *Actuapress*, La Louvière, Belgium; *Le Nouvel Economiste*, Paris; l'Office du Tourisme, Caen.

Finally, I must thank my mother, Hélène Lecanuet, for all her help, advice and constant encouragement.

Lesson 1

You will learn about:
Leisure activities in France

The language points covered include:
- *the formation of adverbs*
- *giving reasons, expressing an opinion, stating the obvious, expressing preference*
- *'le franglais'*

INTRODUCTION

Before studying the main text of Lesson 1 over the page, read this general introduction to leisure activities in France. At this stage, you need only understand the gist of it.

Comment les Français passent-ils leur temps libre?

Aujourd'hui, les Français accordent de plus en plus [more and more] d'importance à la qualité de la vie et, donc [therefore], aux loisirs qui sont nécessaires pour pouvoir faire face [to be able to cope] au stress de la vie professionnelle.

Les formes de loisirs se répartissent [are divided up] encore différemment selon [according to] les classes sociales, bien que [although] l'on connaisse à l'heure actuelle [at the present time] une sérieuse démocratisation du tennis et du ski. Le golf est devenu [has become] le sport des élites.

Quelles formes de loisirs attirent [attract] les Français?

La télévision, avec son 'frère siamois' [Siamese twin] le magnétoscope [video recorder], occupe les soirées en famille dans bien des foyers [many homes]. Les émissions [programmes] les plus en faveur restent les films, les informations [news], les débats et les reportages sportifs en direct [live]. Les chaînes [channels] de télévision augmentent [are increasing] et permettent de faire du zapping à volonté [to switch channels constantly at will].

Le cinéma souffre de la concurrence [competition] de la télévision, bien que les cinéphiles [movie enthusiasts] soient [are] toujours attirés [attracted] par le dernier [latest] film qui passe [is being shown] sur les grands boulevards parisiens.

On dit aussi que la lecture [reading] est en régression, mais les librairies [bookshops] offrent toujours un choix [choice] extrêmement varié de livres, de romans [novels] et de bandes dessinées [comic strips].

La culture occupe une place importante dans les loisirs: visites de musées, expositions [exhibitions] et festivals sont des buts de sorties [outings] fréquents.

Les Français s'intéressent aux sports d'équipe [team sports] traditionnels (football, tennis, courses cyclistes [cycle racing]) mais certains sports individuels se sont récemment développés en vue de [with a view to] retrouver sa ligne [regaining one's figure] ou de maintenir une bonne forme physique (jogging, aérobic, body-building) ou, pour les amateurs du challenge [those who like a challenge], il existe la planche à voile [windsurfing], le surf ou le deltaplane [hang-gliding], etc.

Le bricolage [DIY] et le jardinage [gardening] occupent une partie du temps de loisirs, mais c'est peut-être davantage [more] un must plutôt qu'un [rather than a] hobby.

Selon une étude pilote récente menée [carried out] dans dix pays européens, on constate que c'est en France que le temps de sommeil [sleep] moyen* ainsi que [as well as] le temps consacré aux soins personnels sont le plus long (France: 9h03, Royaume-Uni: 8h40). Par contre [on the other hand], le temps libre, dédié [devoted] à la télévision/vidéo ou aux autres médias, aux loisirs est moins élevé en France qu'au Royaume-Uni (4h37 contre 5h22).

*temps moyen journalier sur l'ensemble de l'année

TEXT

Now study the text of Lesson 1. If you need help with vocabulary, refer to the translation notes/new words section at the end of the text. The passage describes a hobby that in recent years has been very popular in France, although like all crazes it is losing its attraction now.

La pin's mania en France

1   Depuis deux ans environ les Français de tous âges et de tous milieux se passionnent pour une nouvelle décoration qu'ils arborent fièrement sur le revers de leur veston, sur leur robe ou sur leur manteau. Cette décoration porte le nom étrange, ou même étranger, de 'pin's'.
    Mais d'où nous vient donc cette épidémie?

2   Eh bien, c'est un virus qui nous vient des Etats-Unis, comme son nom l'indique, puisque 'a pin' en anglais signifie 'une épingle'. Bien sûr, les puristes de la langue française se sont empressés de créer le mot 'épinglette' pour lutter contre le franglais. Personnellement, j'ai bien peur que le terme 'épinglette' ne tombe rapidement dans les oubliettes et je crois que les pin's continueront à se propager sous leur appellation d'origine.

3   Que représentent ces fameux pin's? Quel rôle jouent-ils auprès des consommateurs et du public?
    Ces pin's représentent, généralement, un produit, un événement important, un personnage célèbre, un restaurant, un journal, un magazine, etc. J'ai moi-même récemment assisté à un incident chez un libraire en France où une cliente a catégoriquement refusé d'acheter son magazine habituel, car le pin's manquait: 'Non, non et non,' a-t-elle déclaré, 'je préfère prendre un autre magazine avec son pin's.'

4   Les entreprises distribuent gratuitement leurs pin's, représentant leur logo, avec les marchandises qu'elles vendent.

Généralement, les pin's s'achètent et leur valeur peut varier considérablement et peut atteindre des prix astronomiques. Par exemple, le petit chamois, symbole des jeux Olympiques d'Albertville, s'est vendu 2.600F la pièce. Il y a même des 'épinglophiles' qui essaient de se procurer leur trésor en assistant à des ventes aux enchères.

5 Un des avantages de cette obsession, c'est la création d'emplois pour faire face à la demande croissante des sociétés.

Cette folie sera sans doute un jour remplacée par une autre passion et ces collections d'épinglettes se retrouveront peut-être dans les musées ou tout simplement au fond d'un tiroir.

VOCABULARY / TRANSLATION NOTES

1 **la pin'smania** mania for pins [badges]; **depuis deux ans environ** for about two years (lit. since …); **le milieu** social background; **se passionner pour** to be excited about; **arborer** to wear, display; **fièrement** proudly; **le revers** lapel; **le veston** jacket; **la robe** dress; **le manteau** (over)coat; **porter** to wear – here: to bear; **le nom** name; **étrange** strange; **ou même** or even; **étranger, -ère (f.)** foreign; **donc** word used for emphasis; **l'épidémie (f.)** epidemic.

2 **eh bien** well; **les Etats-Unis** United States; **comme** as; **indiquer** to indicate; **puisque** since, as; **signifier** to mean; **l'épingle (f.)** pin; **bien sûr** of course; **la langue française** the French language; **s'empresser de** to hasten to; **créer** to create; **le mot** word; **lutter** to fight; **contre** against; **personnellement** personally; **j'ai bien peur** I'm very much afraid; **tomber dans les oubliettes** to fall into oblivion; **je crois** I think, **croire** to think (irreg. verb); **les pin's continueront** the pins will continue, **continuer à** to continue to; **se propager** to spread; **l'appellation (f.)** name.

3 **représenter** to represent; **fameux** much talked about; **quel rôle** what role; **jouer** to play; **auprès de** close to

– here: among; **le consommateur, -trice (f.)** consumer;
le produit product; **l'événement (m.)** event; **célèbre**
famous; **le journal (pl. journaux)** newspaper; **moi-
même** myself; **récemment** recently; **assister à** to be
present at; **chez le libraire** at the bookseller's; **refuser de**
to refuse to; **acheter** to buy; **habituel, -elle (f.)** usual; **car**
because; **manquait** (imperf. tense) was missing; **préférer**
to prefer; **prendre** (irreg. verb) to take.

4 **l'entreprise (f.)** firm; **distribuer** to distribute;
gratuitement free of charge; **les marchandises (f.)**
goods; **vendre** to sell; **s'acheter** to be bought; **peut** can,
pouvoir to be able (irreg. verb); **varier** to vary; **atteindre**
(irreg. verb) to reach; **le prix** price; **le chamois** chamois
(goat-like animal); **les jeux Olympiques** Olympic Games;
se vendre to be sold; **la pièce** apiece, each;
l'épinglophile (m./f.) pin enthusiast; **essayer** to try;
se procurer to obtain; **le trésor** treasure; **en assistant à**
by attending; **la vente aux enchères** auction.

5 **l'emploi (m.)** job; **faire** (irreg. verb) **face à** to cope with;
croissant growing; **la société** company; **la folie** madness
– here: craze; **sans doute** probably; **remplacer** to replace;
un(e) autre another; **se retrouveront** (fut.) will be
found again; **le musée** museum; **au fond** at the bottom;
le tiroir drawer.

1

1 DEPUIS (SINCE, FOR)

Compare these two sentences for a moment:

Depuis deux ans les Français se passionnent pour les pin's.
For two years the French have been excited about 'pins'.

Why present tense in French but past tense in English? The explanation is that the French normally use the present tense when an action, begun in the past, is still continuing in the present.

Here's another example:

Je collectionne les timbres depuis deux ans.
I've been collecting stamps for two years.

2 ADVERBS (PROUDLY, QUICKLY, ETC.)

You'll remember from your previous studies that it's possible to form thousands of French adverbs by adding **-ment** (English '-ly') to the feminine form of the adjective. In this lesson's text we saw:

masculine	feminine	adverb	meaning
personnel	**personnelle**	**personnellement**	personally
général	**générale**	**généralement**	generally
gratuit	**gratuite**	**gratuitement**	free of charge

Here are some more examples:

fou	**folle**	**follement**	madly
habituel	**habituelle**	**habituellement**	usually
fier	**fière**	**fièrement**	proudly

Don't forget, however, that an adjective ending in **-ant** or **-ent** changes the **-nt** to **-mment**:

suffisant	**suffisamment**	sufficiently
récent	**récemment**	recently

Sometimes a noun is used to express the same meaning:

à la folie	madly
d'habitude	usually
avec fierté	proudly
avec succès	successfully

Note, finally, that some adjectives don't have a **-ment** form and they form their adverbs in a different way:

intéressant	interesting
de façon intéressante	interestingly

3 GIVING REASONS

Here are three ways of expressing the idea of 'because':

1   ... **puisque ce mot signifie en français 'une épingle'.**
2   ... **car il n'y avait pas de pin's.**
3   ... **parce que le mot vient des Etats-Unis.**

In English the above could appear as:

1   ... since this word means 'une épingle' in French.
2   ... because there was no pin.
3   ... because the word comes from the United States.

You might like to make a note also of:

à cause de	because of, on account of
grâce à	thanks to

Examples:

à cause du mauvais temps	because of the bad weather
j'ai réussi grâce à vous	I succeeded thanks to you

1

4   EXPRESSING AN OPINION

In our text an opinion was expressed which began:
Personnellement ...

But there are many other ways of saying what you think.

à mon avis ...	in my opinion ...
selon moi ...	in my opinion ...
pour ma part ...	as far as I'm concerned ...
en ce qui me concerne ...	as far as I'm concerned ...
je pense que ...	I think that ...
nous estimons que ...	we consider that ...
nous croyons que ...	we believe that ...

5   THE SUFFIX '-PHILE'

Épinglophile has obviously been coined following the pattern of:

bibliophile (m./f.)	book lover, bibliophile
cinéphile (m./f.)	movie enthusiast
francophile (m./f.)	a person who is pro-French, francophile
anglophile (m./f.)	a person who is pro-English, anglophile

6   REFERRING TO THE RECENT PAST

In the text we met **récemment** (recently). Other expressions with a similar meaning are:

dernièrement	lately
il y a quelques jours	a few days ago
il y a peu de temps	a short while ago

Example:
J'ai acheté ce magazine il y a quelques jours.
I bought this magazine a few days ago.

7 STATING THE OBVIOUS

bien sûr   of course

Other ways of saying the same thing are:

naturellement   naturally
bien entendu   of course
évidemment   of course
il va sans dire que ... it goes without saying that

Example:
**Il va sans dire que cette mode nous vient des
Etats-Unis.**
It goes without saying that this fashion comes to us from
the USA.

8 EXPRESSING PREFERENCE

The lady in the bookseller's said:

Je préfère prendre un autre magazine.
I prefer to take another magazine.

To say what you prefer you can either use the verb
préférer or **aimer mieux** (lit. 'to like better'):

Préféreriez-vous parler français?
Would you prefer to speak French?
Il aime mieux celui-ci.
He likes this one better.
Ils aimeraient mieux manger tout de suite.
They would prefer to eat right away.

Or you can use the expression **il est préférable**:

**Il est préférable que vous soyez présent à la
réunion aussi.**
It's preferable that you be present at the meeting too.
(**Soyez** is the subjunctive of **être**.)

This lesson's text was all about the fact that France is being invaded by an American 'virus' in the form of a 'pin' or badge. But for many years now a different kind of virus has been attacking France, indeed you could call it an epidemic, namely the introduction of more and more English/American words and expressions into the French language. Many French people are appalled by this situation but, frankly, there is little that can be done to stem the flow of anglicisms that you can hear and read daily in France. Here are some examples, together with perfectly good French equivalents:

le fast-food	**la restauration rapide**
le job	**le poste**
le walkman	**le baladeur**
le manager	**le gérant**
le hobby	**le passe-temps**
le Web	**la toile**
le fax	**la télécopie**
relaxe	**détendu**

But, sometimes, an English word is adopted by the French and then they change its meaning, for example **le footing** means 'fast walking' or 'jogging'. Sometimes, also, the English word is taken and then distorted:

walkie-talkie	becomes	**le talkie-walkie**
fuel	becomes	**fioul**

un email in French is usually pronounced **un mail** (in spoken language).

There is, however, one occasion when franglais is actually welcomed and this is when the French play *Scrabble*. The officially adopted English words give the players a golden opportunity to place their high-scoring letters, namely 'k' and 'w'.

Exercise 1

Reread or listen again to the main text of this lesson, and then say whether the following statements are true (**vrai**) or false (**faux**). Before you begin you must study the following words:

le siècle century; **le mot d'emprunt** borrowed word; **la bibliothèque** library; **emprunter** to borrow; **traduire** (irreg. verb) to translate; **bien connu** well known; **souvent** often.

1 La pin'smania existe en France depuis des siècles.

2 Les pin's servent à décorer un monument.

3 La France a été contaminée par le virus américain.

4 Le mot anglais 'pin' se traduit généralement en français par 'épingle'.

5 A mon avis, ce mot d'emprunt sera rapidement remplacé par un mot français.

6 Les pin's sont souvent associés à des marchandises, à des personnages bien connus, aux médias.

7 A la bibliothèque, la jeune fille a catégoriquement refusé d'emprunter un livre, car il n'y avait pas de pin's.

8 Tous les pin's sont distribués gratuitement en France.

9 Le pin's, représentant le petit chamois, est le symbole des jeux Olympiques d'été.

10 Un des aspects positifs de cette folie est la création d'emplois supplémentaires qui est nécessaire pour satisfaire la demande.

Exercise 2

Replace the words <u>underlined</u> with an adverb, paying attention to word order. But, first, study these words:

le porte-clefs key ring; **la commande** order; **utiliser** to use; **durer** to last; **être amoureux de** to be in love with.

Example:
Les Français arborent les pin's sur leurs vêtements <u>avec fierté</u>.
Les Français arborent fièrement les pin's sur leurs vêtements.

1 <u>En général</u>, le mot 'épinglette' n'est pas utilisé dans la langue de tous les jours.

2 J'ai assisté à un incident <u>récent</u> entre un libraire et une cliente à cause d'une commande qui n'était pas arrivée.

3 Pierre? Elle l'aime <u>à la folie</u>. (Reply using 'être amoureux')

4 Il a décidé qu'il avait <u>une collection suffisante</u> de porte-clefs.

5 <u>D'habitude</u>, une telle passion ne dure jamais longtemps.

6 <u>En ce qui me concerne, moi</u>, cette manie de tout collectionner me laisse entièrement indifférent!

Exercise 3

Answer the questions, incorporating the clues in brackets in your replies. First study these words:

le cadeau gift; **le SMIC** minimum wage; **l'usine (f.)** factory; **travailler à la chaîne** to work on the production line; **rendre malade** to make ill.

Example:
Les Français se passionnent pour la musique anglaise depuis longtemps? (two years)
Non, les Français se passionnent pour la musique anglaise depuis deux ans.

1 Ce virus qui vous rend malades, vous l'avez depuis longtemps? (one week)

2 Les entreprises distribuent des cadeaux gratuitement depuis longtemps? (one year)

3 Vous faites la collection de timbres depuis l'année dernière? (July)

4 Les ouvriers travaillent à la chaîne dans cette usine depuis de nombreuses années? (1st June, only)

5 Vous n'êtes plus au SMIC depuis longtemps? (last month)

Exercise 4

This conversation doubles as an exercise – for which you will need your dictionary. Imagine that you have become a 'purist', as far as the French language is concerned. Rewrite this dialogue, replacing the underlined 'franglais' with French equivalents. Mind you, you may not always find one!

ANNE Alors, tu l'as obtenu, ton job de manager au drugstore des Champs-Elysées?

MICHEL Je ne sais pas. Personnellement, je n'y crois pas trop. L'entrevue était difficile. Je n'étais pas du tout relaxe. Bien entendu, le jury m'a bombardé de questions sur ma vie professionnelle, ma vie privée, mon expérience, etc. Pour dire la vérité, à part mon expérience de disc-jockey, à part mes nombreux hobbys comme le jogging, le bowling et le jazz, je n'ai pas grand-chose à offrir.

ANNE A ton avis, quel est le verdict?

MICHEL Je pense que c'est cuit*, mais on ne sait jamais! On m'a fait passer un test de graphologie. Evidemment, ils m'ont convaincu que c'était

*familiar expression meaning 'there's no hope'.

un must pour la décision finale qui sera prise lors de leur réunion demain.

ANNE   Eh bien, dis donc, tu as soigné ton look pour une fois! Un blazer en tweed et un pantalon chic au lieu du vieux jean habituel!

MICHEL   Eh oui, il faut ce qu'il faut! Bon, je dois partir, je passe ce week-end-ci dans mon cottage à la campagne.

ANNE   Tu es à pied?

MICHEL   Non, ma voiture est au parking.

ANNE   Qu'est-ce que tu as comme voiture maintenant?

MICHEL   Une Jag. Je me suis débarrassé de ma Rover il y a quelque temps.

ANNE   Bien, alors, bonne route. Au revoir.

Lesson 2

You will learn about:
French customs and traditions

The language points covered include:
- *the choice between 'il est' and 'c'est'*
- *reflexive verbs*
- *expressing probability*
- *formal and informal speech*
- *numerals*

2

INTRODUCTION

To begin Lesson 2, study briefly this list of important French dates and then read through the introductory text that follows. At this stage, you need only understand the gist of the text.

Calendrier

1 janvier*	jour de l'An
6 Janvier	Épiphanie
14 février	Saint-Valentin
Fête mobile	Mardi gras [Shrove Tuesday] – 40 jours avant Pâques [Easter]
Fête mobile*	Pâques
1 avril	Poisson d'avril [April fool's day]
1 mai*	Fête du Travail
8 mai*	Fête de la Victoire de 1945
Fête mobile*	Ascension – 40 jours après Pâques
Mai	Fête des Mères
Fête mobile*	Pentecôte [Whitsun] – 10 jours après l'Ascension
Juin	Fête des Pères
14 juillet*	Fête nationale
15 août*	Assomption
1 novembre*	Toussaint
11 novembre*	Fête de la Victoire de 1918
25 décembre*	Noël

*public holidays

2

Coutumes et traditions françaises

Les onze jours fériés [bank holidays] du calendrier français sont toujours les bienvenus [welcome] pour les travailleurs et donnent parfois [sometimes] la possibilité de faire le pont [to take an extra day].

De nos jours, tous les Français bénéficient d'au moins cinq semaines de congés payés [paid holidays] et quelquefois davantage. Ils continuent à prendre traditionnellement leurs vacances en juillet et en août. Ces départs massifs (1er juillet, 14 juillet, 1er août) créent sur les routes [roads] de France des bouchons [traffic jams] interminables, comme vous le savez peut-être. Il est donc préférable d'éviter [to avoid] ces périodes dites 'rouges' [so-called 'red' periods].

Pour tenter [to try] d'éviter ces embouteillages [hold-ups] le gouvernement a introduit un système d'étalement [staggering] des vacances. En effet, les dates des vacances scolaires varient d'une région à l'autre, mais le résultat n'est guère [hardly] encourageant!

Les Français, où vont-ils? Ils restent pour la plupart dans l'Hexagone [France], vont au bord de la mer pour se reposer, se bronzer et faire du sport. En outre, les sports d'hiver commencent à se démocratiser [to be accessible to more people] et attirent de plus en plus d'amateurs [enthusiasts] de ski.

Pendant les périodes encombrées [congested] vous verrez aussi sur les routes de nombreux motards ('sécurité routière') [police motorcyclists] – attention aux excès de vitesse [exceeding the speed limit] et aux excès d'alcool! Ne vous étonnez pas [Don't be astonished] si vous êtes arrêté [stopped] par la police pour souffler dans un ballon [to blow into a bag]! Ne vous sentez pas automatiquement coupable [Don't feel automatically guilty], il s'agit peut-être d'un [it's probably a question of a] simple contrôle général – c'est l'alcootest [breathalyser test].

Traditions historiques et fêtes

1 A une époque où les frontières ont tendance à s'estomper en Europe, vous vous demandez, sans doute, si les traditions nationales ne vont pas, elles aussi, disparaître. Dans le cas de la France, à mon avis, c'est peu probable. En effct, les Français restent fortement attachés à leurs traditions et à leur identité nationale. Mais quelles sont ces traditions? Comment peut-on les expliquer?

Les traditions françaises se réfèrent généralement à des événements historiqucs, à des fêtes civiles, à la vie religieuse et familiale ou à des particularités régionales.

2 Commençons par les traditions historiques. Le 14 juillet: Vous vous êtes peut-être trouvé en France le jour du 14 juillet, fête nationale des Français. Cette date commémore la prise de la Bastille (ancienne prison d'Etat) en 1789 par le peuple de Paris et marque la fin de l'Ancien Régime. Cette fête nationale donne lieu à des défilés militaires sur les Champs-Elysées, à des réjouissances dans toutes les communes de France avec fêtes foraines, bals populaires, feux d'artifice et batailles de confettis. C'est le jour où le drapeau tricolore flotte au vent sur les édifices publics et où les Français écoutent religieusement la Marseillaise.

3 Le 11 novembre: Ce jour férié représente l'anniversaire de l'Armistice qui a mis fin à la Première Guerre mondiale. Les anciens combattants allaient se recueillir devant le monument aux morts avant d'assister à la réception organisée à la mairie.

Le 8 mai: Le 8 mai célèbre la victoire de la Deuxième Guerre mondiale en 1945. C'est un jour férié sans beaucoup de manifestations officielles.

4 Parlons maintenant des fêtes civiles: Le 1er mai: Le 1er mai est par définition un jour chômé, puisqu'il représente la Fête du Travail, donc celle

des travailleurs. Ce jour-là, vous pouvez aussi acheter des brins de muguet aux coins des rues pour offrir à vos amis en signe d'amitié.

5 Et pour finir, les fêtes de fin d'année. Le 31 décembre: Le réveillon de la Saint-Sylvestre est une occasion d'enterrer l'année qui se termine et de célébrer celle qui va commencer, autour d'une bonne table et dans la bonne ambiance. Les jeunes, eux, préfèrent réveillonner avec leurs copains et copines dans les boîtes, plutôt que d'assister à l'interminable repas familial. Les moins jeunes (parents, grands-parents) réveillonnent chez eux ou dans les restaurants qui affichent des menus élaborés longtemps à l'avance.

6 Dans tous les foyers, au premier coup de minuit, les Français se lèvent de table avec difficulté, s'embrassent à tour de rôle, et trinquent en l'honneur de l'année qui vient de naître.

7 Le jour de l'An: Le 1er janvier, les enfants reçoivent leurs étrennes, les adultes prennent leurs bonnes résolutions. Ils vont présenter, comme d'habitude, leurs vœux de bonheur et de santé à tous les membres de leur famille qu'ils ne verront probablement qu'une fois dans l'année!

Puis le mois de janvier retombe dans le calme et ce sera le moment de mettre de l'ordre dans sa correspondance et de répondre à toutes les cartes de vœux avant le 31 janvier.

VOCABULARY / TRANSLATION NOTES

1 **l'époque (f.)** time, era; **avoir tendance à** to have a tendency to; **s'estomper** to become blurred; **se demander** to wonder; **sans doute** probably; **disparaître** (irreg.) to disappear; **dans le cas de** in the case of; **à mon avis** in my opinion; **peu probable** unlikely; **en effet** indeed; **rester** to remain; **fortement** strongly; **comment peut-on …?** how can one …?; **se référer à** to refer to; **l'événement (m.)** event; **la fête** feast, holiday.

2 **se trouver** to find oneself; **peut-être** perhaps; **la prise** taking, seizure; **ancien, -enne (f.)** former; **l'Etat** the State; **le peuple** people; **marquer la fin de** to mark the end of; **l'Ancien Régime** the regime before 1789; **donner lieu à** to give rise to – here: to be the occasion for; **le défilé** march-past; **les réjouissances (f.)** festivities; **la commune** commune (smallest division of local government); **la fête foraine** funfair; **le bal populaire** local dance; **les feux (m.) d'artifice** fireworks; **la bataille** battle; **le drapeau tricolore** the Tricolour, the French flag; **flotter au vent** to flutter in the wind; **l'édifice (m.)** building; **écouter** to listen (to); **la Marseillaise** the French national anthem.

3 **le jour férié** public holiday; **mettre** (irreg.) **fin à** to put an end to; **la Première Guerre mondiale** the First World War; **les anciens combattants** ex-servicemen, US: veterans; **de plus en plus** more and more; **de nos jours** nowadays; **se recueillir** to collect one's thoughts; **le monument aux morts** war memorial; **avant d'assister à** before attending; **la mairie** town hall, US: city hall; **sans** without.

4 **parlons maintenant** let's talk now; **le jour chômé** public holiday; **puisque** since, because; **la Fête du Travail** Labour Day; **donc** therefore; **celle des travailleurs** that (the day) of the workers; **vous pouvez aussi acheter** you can also buy; **les brins (m.) de muguet** sprigs of lily of the valley; **en signe d'amitié** as a token of friendship.

5 **et pour finir** and in conclusion; **les fêtes (f.) de fin d'année** Christmas and New Year's holidays; **le réveillon** New Year's Eve (or Christmas Eve) party; **la Saint-Sylvestre** New Year's Eve; **l'occasion (f.)** opportunity; **enterrer** to bury; **l'année (f.) qui se termine** the year which is ending; **celle qui va commencer** the one which is going to begin; **autour de** around; **l'ambiance (f.)** atmosphere; **les jeunes** young people; **réveillonner** to celebrate New Year's Eve (or Christmas Eve); **le copain, la copine** pal; **la 'boîte'** (fam.) nightclub; **plutôt que** rather than; **interminable** never ending; **le repas familial** family meal; **chez eux** at their home; **afficher** to post up, display; **à l'avance** in advance.

2

6 le foyer home; **au premier coup de minuit** on the
first stroke of midnight; **se lever** to get up; **s'embrasser**
to kiss each other; **à tour de rôle** in turn; **trinquer**
to clink glasses; **qui vient de naître** (irreg.) which has
just been born.

7 le jour de l'An New Year's Day; **les enfants reçoivent**
(**recevoir** = irreg.) the children receive; **les étrennes (f.)**
New Year's gift; **comme d'habitude** as usual; **les vœux**
(m.) de bonheur et de santé best wishes for future
happiness and health; **ils ne verront** (**voir** = irreg.)
qu'une fois they will only see once; **puis** then; **le mois**
de janvier the month of January; **retomber dans le**
calme to become calm again; **mettre de l'ordre dans sa**
correspondance to put one's correspondence in order;
répondre to reply; **la carte de vœux** greetings card.

10 IL EST/ C'EST (IT IS)

When do you use **il est** or **c'est**?

You should use **il est** (or: **il était**, **il sera**, etc.):

1 when presenting an idea and using an adjective + **de**:

Il est normal d'avoir cinq semaines de congés payés.
It is normal to have five weeks' paid holidays.

2 when presenting an idea and using an adjective + **que**:

Il est certain qu'on célèbrera le 14 juillet.
It is certain that we will celebrate the 14th July.

3 when referring to the time of the day:

Il est neuf heures moins le quart.
It is a quarter to nine.

C'est is sometimes used in place of **il est** in 1 and 2 above in informal situations.

You should use **c'est** (or: **c'était, ce sera,** etc.):

1 when a noun or pronoun follows:

On pense que ce sera un bon réveillon.
We think it will be a good New Year's Eve.
Ces suggestions, ce sont les vôtres?
Are these suggestions yours?

2 when referring to an idea already mentioned:

Il y a eu beaucoup d'accidents, mais c'était inévitable.
There were many accidents, but it was inevitable.
Il est facile de comprendre pourquoi nous sommes attachés à nos traditions.
It's easy to understand why we are attached to our traditions.
Oui, c'est facile à comprendre.
Yes, it's easy to understand.

3 when wishing to put emphasis on a particular part of the sentence:

C'est demain que la campagne publicitaire de Noël va commencer.
The Christmas advertising campaign is going to begin tomorrow.

N.B. **c'est** can also mean 'he/she is', for example:

C'est un/une interprète. He/she is an interpreter.

2

1 Do you remember how reflexive verbs perform (*Hugo French in Three Months*, section 61)? Here's a reminder, using the examples from this lesson's text:

se lever to get up
se trouver to find oneself
se référer to refer
se recueillir to collect one's thoughts
se préparer to prepare
s'estomper to become blurred

Present tense
je me lève I get up, etc.
tu te trouves
il/elle se réfère (à)
nous nous recueillons
vous vous préparez
ils/elles s'estompent

2 You must remember to form the past tense of reflexive verbs with être, NOT avoir:

Past tense
je me suis levé I (m.) got up
tu t'es trouvé you (m., fam.) found yourself
il s'est référé
vous vous êtes préparé
nous nous sommes recueillis
ils se sont estompés

3 Make sure you add an **-e** to the past participle if this refers to a preceding feminine direct object (see 4 below):

je me suis levée I (f.) got up
tu t'es trouvée you (fam., f.) found yourself
elle s'est référée (à) she referred (to)

Nor must you forget to add an **-s** for the plural:

vous vous êtes préparés you (m., pl.) prepared
yourselves
nous sommes recueillies we (f.) collected our thoughts

4 Now we have to mention something that is
undoubtedly a difficulty for students of French, but that
must be mastered if you wish to write French correctly.

Study the following:

a) elle s'est préparée she prepared herself
b) elle s'est préparé un plat délicieux
   she prepared herself a delicious dish

Have you spotted the difference in the spelling of
préparé(e)? In a) **se** (herself) is the DIRECT object of
the verb **préparer**, 'she prepared herself', but in b) **se**
(herself) is the INDIRECT object of **préparer**, i.e. 'she
prepared a delicious dish for herself'.

So, learn this rule:

The past participle of reflexive verbs agrees in gender
and number with the preceding DIRECT object.

There is a little more to be said about reflexive verbs, but
we plan to leave that discussion until the next lesson.

12 REFERRING TO 'THE PRESENT'

We've already met **de nos jours** which means 'nowadays'.
Other expressions with a similar meaning are:

actuellement	at present
aujourd'hui	today
en ce moment	at the moment
à présent	at present
à l'heure actuelle	at the present time
par les temps qui courent	as things are at present

An example:

**Par les temps qui courent, il faut toujours garder
une poire pour la soif.**
As things are at present, you must always keep
something by for a rainy day.

13 TRANSLATING 'WHEN'

'When', of course, is normally translated by **quand** or
lorsque.

Quand is used in questions and as a conjunction i.e.
'When I'm in France, I always ...' **Lorsque** can only be
a conjunction. Here are two examples:

C'est quand l'anniversaire de l'Armistice?
When is Remembrance Day (US: Veterans Day)?
**Lorsque nous étions en France, nous sommes allés
à la messe de minuit.**
When we were in France, we went to midnight mass.

BUT if you are referring to a noun which itself represents
a period of time, 'when' is translated by **où** (where):

à une époque où ... at a time when ...
c'est le jour où ... this is the day when ...
juste au moment où ... just at the moment when ...

Example:

**A une époque où les frontières ont tendance à
disparaître en Europe ...**
At a time when borders have a tendency to disappear
in Europe ...

14 EXPRESSING PROBABILITY

We saw in the text:
Dans le cas de la France, c'est peu probable.
In the case of France, it's unlikely.

Other ways of talking about likelihood are:
probablement probably
vraisemblablement probably
il est probable que (+ fut.) it is likely that ...
il y a bien des chances que (+ subj.) there's a good chance that ...
il se pourrait bien que (+ subj.) it could well be that ...

Example:
Il se pourrait bien que je sois en France le 14 juillet.
It could well be that I'm in France on the 14th July.

15 FORMAL AND INFORMAL SPEECH

It's possible to have studied half a dozen good French grammar books, to have a wide vocabulary, and yet to be unable to understand what's being said when you arrive in France (or Belgium, Switzerland, etc.). The reason for this may be that you have only studied formal French, whereas what you're listening to could be speech full of informal expressions. Informal language (and even slang) plays an important role in everyday communication. Learn to recognise these words, but do note that those words marked with an asterisk are only used in a very relaxed and informal situation. Beware!

FORMAL		INFORMAL
Entertainment		
le cinéma	cinema	**le ciné**
le café	café	**le bistro(t)**
le night-club	nightclub	**la boîte**
la soirée dansante	dance, party	**la boum**

2

Food and drink

le vin	wine	le pinard*
le verre	drink	le pot
les provisions (f.)	food	la bouffe*

People

le jeune homme	young man	le gars*
la jeune fille	girl	la nana*
l'ami (m.)	friend	le copain
l'amie (f.)	friend	la copine
l'agent de police	policeman	le flic

Transport

| le fourgon cellulaire | police van, (US: patrol wagon) | le panier à salade |
| la voiture | car | la bagnole |

Others

le travail	work	le boulot
le rendez-vous	appointment	le rencard
les vêtements (m.)	clothes	les fringues (f.)
la cigarette	cigarette	la clope
la faculté	university	la fac
démoralisé	disheartened	cafardeux
voler	to steal	faucher

16 NUMERALS

Understandably, in view of the subject matter, there have been quite a few dates mentioned in this lesson and this seems a good moment to remind you of some of the difficulties associated with French numbers (*Hugo French in Three Months*, sections 50, 69). Study the following:

70 **soixante-dix**	80 **quatre-vingts**
71 **soixante et onze**	81 **quatre-vingt-un**
72 **soixante-douze**	82 **quatre-vingt-deux**

90 **quatre-vingt-dix**
91 **quatre-vingt-onze**
92 **quatre-vingt-douze**

(In Belgium and Switzerland they say **septante**, **octante** and **nonante** for 70, 80 and 90.)

Remember that the '**s**' in **quatre-vingts** disappears when another number follows:

80 flags	**quatre-vingts drapeaux**
BUT	
84 flags	**quatre-vingt-quatre drapeaux**

The same thing happens with **cent** (100):

100 books	**cent livres**
200 books	**deux cents livres**
220 books	**deux cent vingt livres**

On the other hand, **mille** (1000) never takes an 's' in the plural:

1000 people	**mille personnes**
3000 people	**trois mille personnes**

Mille is shortened to **mil** in dates:

1994	**mil neuf cent quatre-vingt-quatorze**

The French word **million** is regarded as a noun, always takes an 's' in the plural and is followed by **de** when linked to another noun:

1,000,000	**un million**
2,000,000	**deux millions**
3,000,000 euros	**trois millions de euros**

A word now about the way in which the pronunciation of certain numerals can change:

cinq, **six**, **huit**, **dix** and **dix-huit** are pronounced, as you know:
sangk, seess, ü'eet, deess, deez-ü'eet

BUT, when they immediately precede a word beginning with a consonant, the final letter of the numeral often becomes silent:

cinq passeports	sounds like	sang pahss-porr
six visas		see vee-zah
huit valises		ü'ee vah-leez
dix billets		dee bee-yay

17 NOUN PLURALS

You learnt early on in your studies (*Hugo French in Three Months*, section 2A) that nouns ending in **-al** form their plural by changing this **-al** to **-aux**:

journal	**journaux** (newspapers)
cheval	**chevaux** (horses)
canal	**canaux** (canals)

The masculine plural form of adjectives ending in **-al** is formed in the same way:

singular	masculine plural
national	**nationaux**
familial	**familiaux**
régional	**régionaux**

Example:
journaux nationaux	national newspapers
liens familiaux	family ties

The feminine plural form of adjectives ending in **-al** is, however, formed in the usual way:

traditions nationales national traditions

There are some important exceptions to the above rules:

singular		plural
bal (m.)	dance	**bals**
carnaval (m.)	carnival	**carnavals**
régal (m.)	treat	**régals**
festival (m.)	festival	**festivals**
naval (adj.)	naval	**navals**

Exercise 5

Reply to the following questions, after you have studied these new words:

la date limite deadline; **partout** everywhere; **courir** (irreg.) **un risque** to run a risk

1 Quel est le risque que les pays européens courent à notre époque?

2 Quelles sont, généralement, les origines des traditions françaises?

3 Que représente le 14 juillet pour les Français?

4 Comment se célèbre cette fête en France?

5 Que signifie la date du 11 novembre?

6 A quoi correspond la date du 8 mai?

7 Comment les Français passent-ils le 1er mai?

8 Comment célèbre-t-on la Saint-Sylvestre?

9 Y a-t-il une date limite pour envoyer ses cartes de bon vœux?

10 Quel est, en général, le programme du jour de l'An?

Exercise 6

Study these words, look at the example and then answer the questions in the same way:

le cuisinier (-ière, f.) cook; **le speaker (-ine, f.)** announcer

Example:

La speakerine va se présenter à la télévision pour la première fois ce soir?
Is the announcer going to appear on TV for the first time tonight?
Mais non, elle s'est déjà présentée à la télévision!
No, she has already appeared on TV!

1 Les anciens combattants vont se recueillir devant le monument aux morts?

2 Vous (m., sing.) allez vous lever de table pour servir le vin rouge?

3 La cuisinière va se préparer son plat favori?

4 Vous (pl.) allez vous offrir des brins de muguet?

Exercise 7

Study these words and then fill in the gaps in the sentences that follow:

la route road; **la veille** eve; **la course** race; **encombré** congested; **communal** local; **en plein air** in the open air.

1 Les routes nation… sont très encombrées les veilles de jours de fêtes.

2 Les représentants région… se réunissent tous les mois.

3 Les appels téléphoniques internation… sont très faciles à faire.

4 Le programme des fêtes commun… est le suivant:
   a) Courses de chev…
   b) Ba… populaires en plein air
   c) Festiv… de musique pop et de jazz
   d) Promenades en bateau sur les can…

Exercise 8

Study these words and then complete the following sentences, choosing either **il** or **ce + est**.

le top stroke, pip; **les vacances scolaires (f.)** school holidays; **empêcher** prevent.

1 (It is necessary to) respecter les traditions.
2 (It is clear that) les Français sont attachés à leur identité nationale.
3 Au troisième top (it will be exactly twelve o'clock).
4 Les changements qui consistent à modifier les dates des vacances (these are the ideas of the government).
5 Vous voulez empêcher les excès de vitesse? (It will be difficult).

Exercise 9

After studying the new words, write out in full the dates that correspond to each clue in French:

le désaccord disagreement; **la dinde** turkey; **le marron** chestnut; **la bûche de Noël** Yule log; **faire la grasse matinée** to have a lie in; **se rendre** to go; **digérer** to digest; **reboucher** to fill in again; **par ce sale temps** in this awful weather.

1 Bonne Année!
2 Formidable! Je peux faire la grasse matinée, c'est la fête du travail.
3 Je me demande combien d'anciens combattants vont se rendre au monument aux morts par ce sale temps.
4 Qu'est-ce que tu fais ce soir pour la Saint-Sylvestre?
5 La dinde aux marrons et la bûche de Noël, tu les as digérées?
6 Tu as entendu la dernière? Il paraît que le tunnel sous la Manche a été rebouché à cause d'un désaccord entre la France et la Grande-Bretagne.

Exercise 10

You overhear a young French person explaining what happened the other day to two of his friends. When you've listened to the disastrous sequence of events, retell the story yourself, replacing the underlined words with more formal language. You will need to have your dictionary handy.

Pierre et Michel avaient été invités à une boum, organisée par deux nanas de la fac de droit. Après avoir fini leur boulot, ils sont partis en bagnole, emportant du pinard, des clopes et leurs fringues chic. En route, ils se sont arrêtés pour prendre un pot dans un bistrot et, en leur absence, on leur a fauché le pinard, les fringues et les quatre roues de la bagnole. Ils ont tout de suite appelé les flics et les deux gars, sans fric et sans bagnole, ont accepté de se faire raccompagner dans le panier à salade. Les voleurs courent toujours ou plutôt 'roulent' toujours!

Lesson 3

You will learn about:
French religious and family traditions

The language points covered include:
- *more on reflexive verbs*
- *the past tense (perfect tense) of verbs*
- *negatives*
- *idiomatic expressions*

INTRODUCTION

In Lesson 3 we continue to talk about French customs and traditions. There are some that we haven't discussed in the main text and we'd like to say a few words about them now.

Coutumes et traditions françaises (2)

La Saint-Valentin (fête des Amoureux), la fête des Mères et la fête des Pères sont plus ou moins identiques en France et en Grande-Bretagne, à l'exception peut-être du commerce des cartes qui n'est pas aussi prospère en France.

Certaines traditions familiales comme les baptêmes, les communions (à 12 ans) et les mariages restent très fortes et sont des occasions où il faut rassembler la famille au grand complet [in full force], sans omettre personne (volontairement ou non!). Ces fêtes peuvent parfois s'éterniser [to drag on and on] et j'ai moi-même assisté à [been present at] un mariage en Bretagne qui a duré quatre jours et en compagnie des jeunes mariés!

Les fêtes régionales sont toujours très en vogue. Les vendanges [grape picking], la moisson [harvest], les défilés [processions] folkloriques (Bretagne), les corridas [bullfights] donnent lieu à des réjouissances de temps à autre.

Le 1er avril est le jour des farces [hoaxes] et des plaisanteries [jokes] en famille, au travail, dans la presse et même [even] à la télévision. Ces farces qui

vont souvent se terminer par 'Poisson d'avril' [April fool!] ne sont pas toujours de très bon goût [taste]. Pourquoi 'poisson'? C'est peut-être une allusion aux quarante jours de carême [fasting] pendant lesquels les chrétiens [Christians] avaient mangé tellement de [so much] poisson pour remplacer la viande que c'était devenu pour eux une sorte de plaisanterie.

3

Now read about the way in which the French celebrate Twelfth Night, Shrove (Pancake) Tuesday, Easter, All Saints' Day and Christmas.

Traditions religieuses et familiales

1   Ces traditions se rattachent à la vie religieuse (chrétienne) et sont aussi et surtout des fêtes de famille.
EPIPHANIE: Que représente l'Epiphanie pour la majorité des Français? Epiphanie, qui signifie en grec 'apparition', célèbre l'arrivée des Rois Mages, venus admirer Jésus à Bethléem. Pour les Français, le jour des Rois est une occasion pour se recevoir et 'tirer les Rois'. En effet, la galette, symbolisant le cercle de l'univers, est généralement garnie de frangipane (crème aux amandes) ou de pommes et contient une fève à l'intérieur. Les parts de gâteau sont tirées au sort et celle ou celui qui tombe sur la fève sera la Reine ou le Roi du jour. Mais attention à ne pas l'avaler!
2   MARDI GRAS: Pendant les mois de février et de mars, le temps est plutôt maussade et Mardi gras (dernier jour avant le Carême) apporte de la gaîté avec ses crêpes, ses beignets, ses bals masqués et ses carnavals. Le mot 'carnaval' vient d'un verbe italien signifiant 'ôter la viande'.

3 PÂQUES: Pâques symbolise la résurrection de Jésus
   Christ. C'est une fête mobile qui tombe entre le 22
   mars et le 25 avril. Comment se déroulent les fêtes
   de Pâques dans la majorité des foyers français? Le
   vendredi saint est un jour où on fait maigre. Ce
   jour-là, tout le monde travaille normalement, sauf
   peut-être les bouchers. Le dimanche de Pâques est
   réservé aux offices religieux et le lundi, jour férié,
   aux festivités. En Normandie, le menu traditionnel
   est l'agneau de pré-salé, c'est-à-dire l'agneau qui
   paît en bordure de la mer. Sa viande a une saveur
   très appréciée des gourmets. Le dimanche matin, les
   enfants se précipitent dans le jardin à la recherche des
   œufs en chocolat que les 'cloches' ont laissé tomber.
   LA TOUSSAINT: Le 1er novembre, les familles se
   rendent au cimetière et déposent des
   chrysanthèmes sur les tombes des disparus.
   LES FÊTES DE NOËL: Noël célèbre la Nativité, c'est-
   à-dire la naissance de Jésus. Cette fête est devenue
   un grand événement familial et commercial. Les rues
   sont décorées, inondées de musique et les Pères
   Noël débordés. Chaque foyer s'active à la
   préparation du sapin de Noël ou de la crèche.

4 LE 24 DÉCEMBRE, SOIR DU RÉVEILLON: Les Français
   se mettent sur leur trente et un pour le réveillon
   qui a généralement lieu après la messe de minuit.
   Au menu il peut y avoir des huîtres, du foie gras
   (pour ceux qui ont les moyens), un gibier ou une
   volaille et la traditionnelle bûche de Noël. Les
   enfants, avant d'aller se coucher, alignent leurs
   chaussures devant la cheminée où le Père Noël
   distribuera les cadeaux qu'ils ont commandés
   (peut-être par Minitel, par fax ou par Internet!).

5 LE JOUR DE NOËL: La journée du 25 se passe en
   grande partie à table à déguster les mets traditionnels
   (boudin blanc truffé et dinde aux marrons) arrosés
   de bons vins, ou à se remettre des excès de la veille.
   Les invités repartent souvent en fin de journée,
   s'ils sont à même de prendre le volant, car le
   lendemain sera peut-être un jour de travail (assez
   peu rentable, à mon avis) à moins qu'il n'y ait un
   pont, c'est-à-dire un jour de congé supplémentaire.

3

1 **chrétien, -ienne (f.)** Christian; **Les Rois Mages** The Three Wise Men; **tirer les Rois** to eat Twelfth Night cake; **en effet** in fact; **la galette** round, flat cake; **garni de** filled with; **la frangipane** almond paste; **l'amande (f.)** almond; **la fève** charm; **la part** share; **tirer au sort** to draw lots; **tomber sur** to come across; **la reine** queen; **le roi** king; **avaler** to swallow.

2 **Mardi gras** Shrove (Pancake) Tuesday; **plutôt** rather; **maussade** dull; **le carême** fasting; **la crêpe** pancake; **le beignet** fritter; **ôter la viande** to remove meat.

3 **Pâques** Easter; **tomber** to fall; **se dérouler** to take place; **le foyer** home; **Vendredi saint** Good Friday; **faire maigre** to abstain from meat; **l'office (m.) religieux** religious service; **l'agneau de pré-salé** salt meadow lamb; **paître (irreg.)** to graze; **le pré** meadow; **en bordure de mer** by the sea; **la saveur** taste; **se précipiter** to rush; **à la recherche de** in search of; **l'œuf (m.)** egg; **la cloche** bell (these 'cloches' are church bells which are on their way back from Rome); **laisser tomber** to drop; **la Toussaint** All Saints' Day; **se rendre** to go; **le cimetière** cemetery; **déposer** to lay; **la tombe** grave; **le/la disparu(e)** deceased; **la naissance** birth; **inonder** to flood; **débordé** overworked; **le sapin de Noël** Christmas tree.

4 **se mettre (irreg.) sur son trente et un** to get all dressed up to the nines; **avoir lieu** to take place; **la messe** mass; **il peut y avoir** there may be; **l'huître (f.)** oyster; **avoir les moyens** to be able to afford it; **le gibier** game; **la volaille** poultry; **la bûche de Noël** Yule log; **la chaussure** shoe; **la cheminée** fireplace; **commander** to order; **le Minitel** home terminal linked to the French telephone system and giving access to information and commercial services.

5 **le boudin blanc** white pudding; **truffer** to flavour with truffles; **la dinde** turkey; **le marron** chestnut; **arroser** to wash down; **se remettre** to recover; **l'invité(e)** guest; **être à même de** to be in a position to; **le volant** steering wheel; **assez peu rentable** not very profitable; **le pont** bridge – here: an extra day's holiday.

18 MORE ON REFLEXIVE VERBS

We mentioned in the previous lesson that there was a little more to be said about reflexive verbs and we'd like to discuss these verbs further now.

1 A reflexive verb is sometimes used with a reciprocal meaning, that is to say that the English translation includes 'each other'.

Study the following:

Nous nous recevons souvent.
We often visit each other.
Ils ne se comprennent pas.
They don't understand each other.
Nous nous sommes regardés.
We (m.) looked at each other.
Elles ne se sont pas reconnues.
They didn't recognise each other.
Nous nous sommes écrit.
We wrote to each other.

2 When talking about parts of the body we prefer to use a reflexive verb in French, together with the definite article, in preference to 'my', 'his', 'her', etc. A few examples will make this clear:

Je vais me laver les mains.
I'm going to wash my hands.
Elle s'est cassé la jambe.
She has broken her leg.
Il s'est brûlé la main.
He has burnt his hand.

3 Sometimes a reflexive construction is used to form the passive:

Ces livres se vendent comme des petits pains.
These books are selling like hot cakes.

THE PAST TENSE (PERFECT TENSE)

3

We don't think it's necessary to go over the basic rules again regarding the formation and use of the past tense in French (see *Hugo French in Three Months*, sections 17, 18), but here's a quick reminder:

Regular verbs:

travailler	**As-tu travaillé ce jour-là?**
choisir	**Avez-vous choisi votre Roi/Reine?**
vendre	**Ils/elles n'ont pas encore vendu tous les chocolats.**

Don't forget, however, that some French verbs form their past tense with **être** (to be) and not with **avoir** (to have). These are usually verbs denoting movement from one place to another and students normally remember which ones they are:

arriver	to arrive
partir	to leave
entrer	to enter
sortir	to go out
aller	to go
venir	to come
monter	to go (come) up
descendre	to go (come) down
revenir	to come back
retourner	to return

But students invariably forget to use **être** to form the past tense of the following verbs:

tomber	to fall
devenir	to become
rester	to stay, remain
naître	to be born

Here are some examples:

Je suis arrivé(e) à l'heure, pour une fois.
I arrived on time, for once.
Il est parti à la messe de minuit.
He went to midnight mass.
Ils sont devenus médecins tous les deux.
They both became doctors.
Elles sont nées le même jour.
They were born on the same day.

You'll have spotted that, with this kind of verb, the past participle agrees in gender and number with the subject.

Note, however, that some of the above verbs <u>can</u> form their past with both **avoir** and **être**, according to the meaning.

Study the following:

Je suis sorti(e) faire un tour.
I went out for a walk.
BUT
J'ai déjà sorti le chien.
I've already taken the dog out.

Nous sommes descendues du train.
We (f.) got off the train.
BUT
Nous avons descendu les valises.
We brought down the suitcases.

In other words, when **sortir, monter** and **descendre** are followed by a <u>direct object</u>, they are conjugated with **avoir** in the past.

You will, of course, already be familiar with:

ne (verb) pas	not
ne ... rien	nothing
ne ... personne	no one
ne ... plus	no longer, no more
ne ... jamais	never

But you may not be familiar with:

ne ... guère	scarcely, hardly
ne ... nulle part	nowhere
ne ... jamais plus	never again
ne ... jamais rien	never anything
ne ... aucun(e)	no
ne ... ni ... ni	neither ... nor

Here are some examples using words taken from the text:

Moi, je ne m'amuse jamais à Noël.
I never enjoy myself at Christmas.
C'est fini, nous ne nous recevons plus.
It's finished, we no longer visit each other.
Cette tarte ne contient aucune fève.
This tart contains no charm.
Cette année les rues ne sont guère décorées; c'est probablement à cause de la récession.
This year the streets are hardly decorated; it's probably due to the recession.
Personne ne travaille aujourd'hui.
No one works today.
Rien ne peut changer le fait que ...
Nothing can change the fact that ...

Notice the position of these negative words in the past tense:

Moi, je ne me suis jamais amusé(e) à Noël.
I've never enjoyed myself at Christmas.

Nous ne nous sommes plus reçus depuis le jour où nous avons eu un différend.
We haven't visited each other since the day when we had an argument.

Quelle déception! Les enfants n'ont rien trouvé dans le jardin.
What a disappointment! The children found nothing in the garden.
BUT
Ils n'ont trouvé personne à la maison.
They found no one at home.

One final point about negatives:

The **ne** and the **pas**, **rien**, **jamais**, **plus**, come together in front of an infinitive (dictionary form):

Attention à ne pas avaler le noyau de cerise!
Make sure you don't swallow the cherry stone!
J'ai décidé de ne rien dire.
I've decided to say nothing.
Après la gueule de bois qu'il a eue, il a promis de ne plus toucher à l'alcool.
After the hangover he had, he promised not to touch alcohol any more.

21 IDIOMATIC EXPRESSIONS

It's interesting, isn't it, that the French **se mettent sur leur trente et un** and the British 'get all dressed up to the nines'?

There are, in fact, a number of French expressions based on numbers and we thought we'd give you a few more. The following will make your French sound very French.

Expressions based on the number 2:

faire d'une pierre deux coups
to kill two birds with one stone
(lit. 'to do with one stone two blows')
dormir sur ses deux oreilles.
to sleep peacefully (lit. 'to sleep on one's two ears')

Expressions based on the number 4:

dire à quelqu'un ses quatre vérités
to tell someone a few home truths (lit. '... his/her four truths')
couper les cheveux en quatre
to split hairs (lit. 'to cut the hairs into four')

Note also:

voir trente-six chandelles
to see stars (lit. '... thirty-six candles')
passer un mauvais quart d'heure
to have a bad time (lit. '... a bad quarter of an hour')

Expressions using **comme**:

boire comme un trou to drink like a fish
dormir comme une souche to sleep like a log

22 EXPRESSING SADNESS, REGRET

The following is an example of what the French write when they've just heard of the death of someone they know:

Monsieur et Madame Duval
47 promenade de la Mairie St Lô

C'est avec tristesse que nous apprenons la disparition de Monsieur X. En cette pénible circonstance nous tenons à vous adresser, ainsi qu'à votre famille, nos sincères condoléances.

Tenir à + infinitive means 'to be anxious, eager to'.

23 EXPRESSING PLEASURE

Study the following:

Je suis ravi(e) que vous puissiez être des nôtres pour cette soirée exceptionnelle.
I am delighted that you are able to join us for this special evening.

C'est avec grand plaisir que nous vous annonçons les fiançailles de Marie-Noëlle et d'Edouard.
It is with great pleasure that we announce the engagement of Marie-Noëlle to Edouard.

Les commerçants sont plus que satisfaits de leur chiffre d'affaires de cette année.
The shopkeepers are more than satisfied with their turnover for this year.

24 EXPRESSIONS WITH 'BON ...'

Bon anniversaire. Happy Birthday.
Bon week-end. Have a nice weekend.
Bon voyage. Have a good trip.
Bon appétit. Enjoy your meal.
Bonne Année. Happy New Year.
Bonne route. Safe journey (by road).
Bonnes fêtes. Enjoy the holiday.

Note also:
Joyeux Noël. Merry Christmas.
Amusez-vous bien. Enjoy yourself (-selves).
A votre santé. Cheers.

25 HOW TO SAY SOMETHING IS 'WONDERFUL'

Notre voyage en Chine a été ... Our trip to China was ...

fantastique fantastic
magnifique wonderful

merveilleux marvellous
formidable tremendous
super (fam.) terrific, super
chouette (fam.) really great
sensationnel (fam.) fantastic
sensass (very fam.) 'brill', 'fab'

3   26   WHAT TO SAY AFTER A GOOD MEAL

J'ai trop mangé. I've eaten too much.
Je n'en peux plus. I couldn't eat another thing.
J'ai bien bouffé. That was smashing! (very fam.).
C'était bien bon. That was delicious!

And later that night …

J'ai mal au cœur. I feel sick.
J'ai mal à l'estomac. I've (got) stomach ache.
J'ai une crise de foie. I've got a bilious attack.

And the next morning …

J'ai la diarrhée. I've got diarrhoea.
J'ai la courante (fam.). I've got the runs.

27   WHAT TO SAY AFTER DRINKING TOO MUCH

J'ai la gueule de bois. I've got a hangover.
J'ai trop bu. I've drunk too much.
Elle est ivre. She's drunk.
Il est saoul (fam.). He's drunk.
(**saoul**, **saoule** [f.] is pronounced 'soo, sool').
Il est complètement bourré (very fam.).
He's completely plastered.

'Tipsy' is expressed as **être entre deux vins.**

Exercise 11

Vrai ou faux? Say whether the following statements are true or false; if false, correct the sentence. Learn the new words first:

le jour ouvrable the working day; **la bourse** purse; **fleurir une tombe** to put flowers on a grave; **à la portée de** within reach of.

1 L'Epiphanie a lieu chaque année le seize janvier.

2 Les Français célèbrent la fête des Rois en tirant au sort les parts de la galette des Rois.

3 Les fêtes de Mardi gras sont associées aux carnavals, aux bals masqués, aux crêpes, aux beignets.

4 Pâques symbolise la naissance de Jésus Christ.

5 Pâques est une fête mobile qui peut avoir lieu entre le 22 mars et le 25 avril.

6 Le vendredi saint, le dimanche et le lundi de Pâques sont tous des jours fériés.

7 Le soir du 24 décembre, les Français réveillonnent généralement en toute simplicité.

8 Le 26 décembre est un jour ouvrable.

9 Le 1er novembre, les familles rendent hommage à leurs morts en fleurissant les tombes de chrysanthèmes.

10 Le foie gras est un mets à la portée de toutes les bourses.

Exercise 12

First learn the new words, then study the example and answer the other questions in the same way:

le billet doux love letter; **se regarder en chiens de faïence** to glare at each other; **en promotion** on special offer.

Example:

Vous allez vous voir aujourd'hui?

Are you going to see each other today?

Oui, bien sûr. Nous nous sommes déjà vu(e)s hier et pourquoi pas aujourdhui?

Yes, of course. We saw each other yesterday, so why not today?

1 Vont-ils encore se téléphoner aujourd'hui?

2 Ces bouteilles de champagne en promotion vont-elles encore bien se vendre aujourd'hui?

3 Tu vas te laver la tête aujourd'hui?

4 Vous allez encore vous écrire des billets doux aujourd'hui?

5 Vous allez encore vous regarder en chiens de faïence aujourd'hui?

Exercise 13

Imagine you're a TV newsreader. Present your list of events, using the past tense (perfect) and the dates indicated. First learn these new words:

s'écraser to crash; **la banlieue** suburbs; **à la suite de** following; **le Moyen-Orient** Middle East; **accueillir** (irreg.) to welcome; **le tremblement de terre** earthquake; **s'amuser** to enjoy oneself; **entrer en vigueur** to come into effect; **le jour J** D-day; **devenir** (irreg.) to become.

1 Le Concorde s'écrase dans la banlieue parisienne. (le 25 juillet …)

2 Le chef d'Etat français se rend à Washington pour rencontrer le président américain à la suite des conflits au Moyen-Orient. (le 20 mai …)

3 La Grèce accueille une délégation de chercheurs européens. (la semaine dernière …)

4 Le tremblement de terre en Algérie fait de nombreuses victimes. (le 20 avril …)

5 Les Français s'amusent dans les rues de Paris et dansent jusqu'au petit matin. (le 14 juillet …)

6 Le Président de la République annonce dans son discours que la lutte contre le cancer est une de ses priorités. (le 24 mars …)

7 En France la loi qui interdit de fumer dans les lieux publics entre en vigueur. (le 1er novembre …)

8 Le jour J du passage à l'euro devient réalité. (le 1er janvier …)

Exercise 14

Look again at section 21 and choose the most appropriate idiomatic expression for each of the following situations. First, study the following list of words:

le soulagement relief; **égarer** to misplace; **emporter** to take away; **tout à coup** suddenly; **circuler** to drive; **à l'arrière** at the back; **le différend** difference of opinion; **faire une tête** to have a long face; **en profiter pour** to take the opportunity to; **le poste** job; **l'entretien (m.)** interview; **convoquer** to call; **figure-toi ...** would you believe ...; **toujours** still.

1 Depuis des jours et des jours, je suis à la recherche d'un dossier important que j'ai apparemment égaré. Tout à coup, le dossier est réapparu dans le bureau d'un collègue qui l'avait emporté par inadvertance. Quel soulagement! Cette nuit, enfin, je vais pouvoir ...

2 – Pouvez-vous nous relater exactement les circonstances de l'accident?
– Oui, je circulais en ville à 50 km/h, pas plus. Tout d'un coup, j'ai reçu un tel choc à l'arrière de la voiture que j'en ai ...

3 – Bonjour. Eh bien, tu en fais une tête? Ça ne va pas?
– Non, je viens d'avoir un différend avec mon Directeur et j'en ai profité pour lui ...

4 – Salut, tu cherches toujours un boulot?
– Non, figure-toi que j'avais envoyé mon CV à une firme d'import-export. J'ai été convoqué pour l'entretien aujourd'hui et ils m'ont offert le choix de deux postes, l'un à Londres, l'autre à Paris.
– Quelle chance! Une lettre, deux jobs! On peut dire que tu as ...

3

Exercise 15

With the help of your dictionary, study this menu and get ready to give your order to the waiter/waitress.

HOTEL DE LA MER

HOTEL-RESTAURANT

Spécialités de fruits de mer

crustacés, grillades

74, rue du Port

50400 GRANVILLE – Tél. 33.50.01.86

Réveillon Jour de l'An

Kir royal avec canapés
Saumon fumé ou foie gras avec toast
Huîtres ou escargots
Terrine aux trois poissons maison
sauce mousseline
Trou normand
Sanglier ou pavé de bœuf sauce Richelieu
avec ses petits légumes
Salade
Fromages
Omelette norvégienne
Café

Sylvaner
Bordeaux
Coupe de champagne

Ambiance assurée – Cotillons
Réservations dès maintenant

Prix: €70

Role-play (formal style)
Are you ready to order?

WAITER **Vous désirez, Madame?**
YOU I'm sorry, I don't know what a 'kir royal' is.

WAITER	C'est du champagne avec de la liqueur de cassis, Madame.
YOU	Oh, I don't like champagne, nor 'liqueur de cassis'. I'll have a whisky.
WAITER	D'accord. Un whisky. Et ensuite, Madame?
YOU	Smoked salmon, oysters and fish terrine.
WAITER	Vous essaierez le trou normand? Il n'y a rien de meilleur pour la digestion.
YOU	'Trou normand', a hole in Normandy? What is it exactly?
WAITER	C'est un sorbet aux pommes avec du calvados.
YOU	That's very original. I'd like to try that.
WAITER	Et comme plat principal, Madame?
YOU	I think I'll have the thick steak and vegetables. Can I also have a bottle of mineral water, please?
WAITER	Très bien. Merci, Madame.

Role-play (informal style)
Take part in this conversation with your French friend who was with you in the restaurant last night.

FRIEND	Comment est-ce que tu as trouvé le réveillon hier soir?
YOU	The meal was terrific and the atmosphere was really great.
FRIEND	Eh bien, moi, j'ai fait une crise de foie et j'ai maintenant mal à la tête.
YOU	Are you saying you ate (**bouffer**) too much? Have you got a hangover? It's true you were a little drunk.
FRIEND	C'est très probable. En tout cas, à partir d'aujourd'hui, je vais faire très attention.
YOU	Happy New Year all the same (**tout de même**)!

N.B. **'Kir' vient du nom du chanoine Kir** [Canon Kir], **ancien maire de Dijon**. 'Kir' consists of blackcurrant liqueur and white wine; there are variations, for example **kir royal** (with champagne) and **kir normand** (with cider).

Exercise 16

This is an authentic and very original **faire-part**, announcing the birth of Marie Leroy. With the help of your dictionary produce an English version but keep the style and the spirit of the French.

le faire-part announcement

> *M. et Mme Leroy*
> *Rue du lycée*
> *50000 Saint-Lô*
>
> Salut les grands!
> Depuis longtemps, je voulais vous connaître.
> Je suis émerveillée par ce que je découvre.
> Merci de m'avoir si bien accueillie.
> Rassurez-vous, il me suffit d'une toute petite place.
> Voilà, je me sens bien et je vous aime déjà.
> Mes parents sont ravis.
>
> *Le 1er Décembre 1983*
> *Marie Leroy – 51 cm – 3 kg 400*

Lesson 4

You will learn about:
The French education system

The language points covered include:
- the use of relative pronouns
- impersonal verbs
- negative prefixes
- conditional constructions
- 'false friends' and proverbs
- further uses of 'bien'

INTRODUCTION

L'enseignement

L'enseignement a toujours joué un rôle primordial dans la société française. Tous les ans la rentrée des classes [return to school], après les longues vacances d'été, est un événement en France, non seulement pour les familles concernées mais aussi pour les commerçants [shopkeepers] et les médias.

Le système de l'enseignement comprend [consists of]: le primaire (à partir de six ans), le secondaire et l'enseignement supérieur. L'école est obligatoire jusqu'à l'âge de 16 ans. L'enseignement dans les écoles publiques [state schools] est gratuit [free].

Malgré [despite] les nombreuses tentatives [attempts] pour réformer le système éducatif français à tous les niveaux [levels], bien des Français [many French people] pensent toujours [still] que les méthodes d'enseignement ne sont pas suffisamment adaptées au monde du travail et ne répondent pas [do not meet] aux besoins [needs] de l'industrie.

Néanmoins [nevertheless], il est évident que les élèves [pupils] d'aujourd'hui attachent une très grande importance à la place qui est attribuée aux langues étrangères dans leur programme d'études. Ils sont de plus en plus conscients [aware] du fait qu'ils pourront

peut-être un jour aller étudier dans l'un ou plusieurs pays de l'Union européenne, ou y faire un stage [go on a training course] ou même [even] y trouver un emploi permanent.

Quels sont les réels avantages d'envoyer les enfants faire un séjour [stay] linguistique? Certains pédagogues [educationalists] sont convaincus [convinced] qu'un bain linguistique [immersion course] est une excellente idée si la formule [option chosen] est adaptée à l'enfant. D'autres pensent qu'un séjour à l'étranger peut coûter très cher et soulignent [point out] que, dans certains cas, il peut y avoir [there may be] d'autres moyens efficaces [effective ways] de pratiquer la langue en utilisant, par exemple, les nouvelles technologies: laboratoire de langues, magnétoscope [video recorder], enseignement assisté par ordinateur [computer-assisted language learning], émissions diffusées [programmes broadcast] par satellites, sans oublier [not to mention] les ressources de l'Internet et les cédéroms (ou CD-Rom).

L'idéal serait probablement un mélange [combination] des deux formules qui sont complémentaires. Au niveau universitaire l'étudiant devenu motivé tirera davantage profit [will benefit far more] des séjours dans un pays étranger du point de vue de la compétence linguistique et des différences culturelles.

TEXT

Les séjours linguistiques: Shakespeare en famille et Goethe à bicyclette

Un séjour linguistique n'est pas un produit de consommation courante. Il coûte relativement cher et peut présenter quelques risques. Ne pas hésiter à s'entourer de toutes les précautions, et choisir parmi les formules la plus adaptée à l'enfant. Et la plus rassurante pour ses parents.

1 L'enfer est pavé de bonnes intentions, les séjours linguistiques également. Les parents qui font un effort financier considérable pour envoyer ces chers petits étudier sur place la langue de Shakespeare, Goethe, Dante ou Cervantes, comme il est convenu de le dire, sont souvent déçus. Ils constatent au retour que l'enfant, peu soucieux d'œuvre poétique, n'a mémorisé que quelques formules spirituelles du genre 'I'm coming. I don't speak fluently but I love so much your country.' Il a, en revanche, considérablement enrichi sa collection de mots de quatre lettres totalement inutiles – sinon nuisibles – à l'oral du bac.

2 Bien des déceptions pourraient être évitées, si les parents voulaient admettre qu'un, deux ou même trois séjours ne transformeront jamais leur petit génie en traducteur onusien. Il en retirera, c'est déjà beaucoup, des expériences bénéfiques, comme la découverte d'une culture et d'un pays différents ou un intérêt nouveau pour une langue devenue familière.

3 Un séjour linguistique n'est pas un produit de consommation courante, coûte relativement cher et présente quelques risques. Mieux vaut alors s'entourer de toutes les précautions et choisir parmi les formules – en famille, en collège, en camp de jeunes, avec tennis, à cheval, en bateau ou à bicyclette – la plus adaptée à l'enfant et la plus rassurante pour ses parents.

Adapted from *Le Monde de L'Education*

1 **L'enfer est pavé de bonnes intentions** The road to hell is paved with good intentions; **le séjour** stay; **également** also; **envoyer** (irreg.) to send; **étudier** to study; **sur place** on the spot; **comme il est convenu de le dire** as is often said; **déçu (décevoir)** disappointed; **constater** to ascertain, discover; **au retour** on the return; **peu soucieux de** caring little about; **l'œuvre (f.)** work(s); **n'a mémorisé que** has only memorised; **la formule** expression; **spirituel, -elle (f.)** witty; **du genre** of the kind; **en revanche** on the other hand; **inutile** useless; **sinon nuisible** if not harmful; **le bac** (fam. **le baccalauréat**) French equivalent of GCE 'A' Level.

2 **bien des déceptions** many disappointments; **éviter** to avoid; **ou même trois** or even three; **ne transformeront jamais** will never transform; **leur petit génie** their little genius; **le traducteur onusien** United Nations translator; **retirer des expériences bénéfiques de** to gain valuable experience from; **la découverte** discovery; **un pays** a country.

3 **un produit de consommation courante** a product one buys frequently; **coûter** to cost; **mieux vaut** it's better (to); **s'entourer de précautions** to take all necessary precautions (lit. 'to surround oneself with …'); **la formule** formula, programme; **choisir parmi les formules** to choose from among the (various) options; **le cheval** horse; **le bateau** boat; **rassurant** reassuring.

4

28 | MEANS OF TRANSPORT

When in a French-speaking country, you'll often need to specify your means of transport (**moyen de transport**):

à bicyclette	by bicycle
à cheval	on horseback
à pied	on foot
en bateau	by boat
en aéroglisseur	by hovercraft
en moto	by motorcycle
en métro	by underground
en/par le train	by train
en/par avion	by plane
en traîneau	by sleigh
en hélicoptère	by helicopter

4

Or, perhaps, you're one of those adventurous people and you'd prefer to:

faire du deltaplane	to hang-glide
monter en montgolfière	to go up in a hot-air balloon

29 | RELATIVE PRONOUNS – QUI/QUE

Even at an advanced level, students continue to confuse the words **qui** and **que**; **qui** represents the subject, **que** the object. Compare these examples:

Les parents qui font un effort financier considérable pour envoyer ...
Parents who make a considerable financial effort to send ...

L'effort financier considérable que les parents font pour envoyer ...
The considerable financial effort that parents make to send ...

If you're having difficulty deciding whether you're dealing with the subject or the object, here's a fairly reliable rule to help you. If, in English, the verb comes immediately after 'who/which', use **qui**, if another word (or words) separates the 'who/which' from the verb, use **que**.

30 IMPERSONAL VERBS

In the main text, you may have been momentarily confused by the expression **mieux vaut** in **mieux vaut s'entourer de toutes les précautions**, but this is simply a variation of **il vaut mieux** (it is better). Other impersonal expressions that you should know are:

il suffit de	it's sufficient to
il s'agit de	it's a question of
il reste	there remain(s)
il faut que (+ subj.)	you, he, she, etc., must
il se peut que (+ subj.)	it may be that
il importe que (+ subj.)	it is important that
il n'en reste pas moins que	it is nevertheless a fact that

Here are some examples:

Il s'agit d'un séjour de trois semaines en Allemagne.
We're talking about a three-week stay in Germany.

Il en reste quatre.
There are four left.

Il faut que vous avanciez une suggestion plus économique.
You must put forward a more economic suggestion.

Il se peut que nous choisissions des cours particuliers.
We may choose private lessons.

As with **il vaut mieux**, the **il** is occasionally omitted with some of these verbs:

Reste à savoir, si ... It remains to be seen whether
Peu importe. It doesn't matter.

31 NEGATIVE PREFIXES

As in English, a number of different prefixes are used in French to make a word negative.

Study these examples, taken from the text:

in-/im-:

utile	useful	**inutile**	useless
probable	likely	**improbable**	unlikely
personnel	personal	**impersonnel**	impersonal

mal-:

heureux	happy	**malheureux**	unhappy
bénéfique	beneficial	**maléfique**	evil

ir-:

régulier	regular	**irrégulier**	irregular
responsable	responsible	**irresponsable**	irresponsible

il-:

logique	logical	**illogique**	illogical
légal	legal	**illégal**	illegal

a-:

normal	normal	**anormal**	abnormal

mé-:

content	pleased	**mécontent**	displeased

Note also how an adjective can be made negative by the use of the word **peu:**

soucieux	concerned	**peu soucieux**	unconcerned
motivé	motivated	**peu motivé**	unmotivated

1 As you know, the conditional tense is formed by adding the endings: **-ais**, **-ais**, **-ait**, **-ions**, **-iez**, **-aient** to the infinitive (dictionary form) of the verb; if the infinitive ends in **-re**, drop the **-e** first:

j'étudierais	I would study
tu finirais	you would finish
il/elle suivrait	he/she would follow

And, of course, there are irregular forms:

nous ferions	we would do/make
vous pourriez	you would be able
ils/elles deviendraient	they would become

2 You also know that, to form the imperfect tense, you take the **nous** form of the present tense, drop the **-ons**, and add the same endings as those of the conditional:

j'étudiais, etc.	I was studying, I used to study, etc.
je finissais	
il/elle suivait	
nous faisions	
vous pouviez	
ils/elles devenaient	

The verb **être** is the only exception to this rule:

j'étais	I was

The conditional and imperfect tenses often combine and form the following important construction with **si**:

Vous amélioreriez votre compréhension, si vous écoutiez la radio tous les jours.
You would improve your comprehension, if you listened to the radio every day.

The 'I would …, if I …' construction appears so often in

both English and French that it is essential to be able to use it easily and correctly. In the text you met:

Bien des déceptions pourraient être évitées, si les parents voulaient admettre ...
Many disappointments could (would be able to) be avoided, if parents were willing to admit ...

Here are some more examples:

Vous enrichiriez considérablement votre vocabulaire, si vous lisiez les journaux.
You would considerably increase your vocabulary, if you read the newspapers.

Ils feraient la découverte d'une culture différente, s'ils suivaient l'excellente émission de FR3.
They would discover a different culture, if they followed FR3's excellent broadcast.

The formula to be remembered is: Conditional tense + **si** and the imperfect tense (the reverse is also possible).

33 THE CONDITIONAL PERFECT + PLUPERFECT

Study the following:

Bien des déceptions auraient pu être évitées, si les parents avaient voulu admettre ...
Many disappointments could have been avoided, if the parents had been willing (lit. had wanted) to admit ...

Vous auriez enrichi considérablement votre vocabulaire, si vous aviez lu les journaux.
You would have increased your vocabulary considerably, if you had read the newspapers.

You should also note that the conditional and conditional perfect of the verb **devoir** (to have to) are used to translate the English 'should' and 'should have'. Here are some examples:

Vous devriez lire les œuvres de Molière.
You should read the works of Molière.

Vous auriez dû téléphoner la semaine dernière.
You should have telephoned last week.

Don't forget, however, that the conditional is sometimes used in French to suggest some degree of doubt or uncertainty (see *Hugo French in Three Months*, section 53). In the text of this lesson we find:

... ce qu'on aurait tendance à oublier ...
... what <u>may</u> sometimes be forgotten ...

This use of the conditional is often come across when the speaker is repeating something s/he has heard and doesn't wish to be responsible for its accuracy:

Pierre aurait été employé comme professeur en Espagne.
Apparently, Pierre was employed as a teacher in Spain.

Trois élèves auraient échoué à l'examen.
It seems that three pupils have failed the examination.

Finally note that, as in English, the conditional is used in French in reported speech:

Anne a dit qu'elle téléphonerait demain.
Anne said she would telephone tomorrow.

34 FAUX AMIS ('FALSE FRIENDS')

You will of course know that there are thousands of French and English words which have identical spellings (or almost) and very often have identical meanings. Very often – but not always! For example, **un car** in French doesn't mean 'a car', it means 'a coach'; likewise, **une librairie** is 'a bookshop', not 'a library'. These deceptive words are known as **faux amis** – 'false friends'.

In this lesson we have already met several **faux amis**. The French word **déception** has nothing to do with 'deception', it means 'disappointment'; if someone is **déçu**, then s/he is 'disappointed'. Another **faux ami** in the text is the word **parents**. True, it means 'parents', but it can also refer to 'relatives':

Il a des parents aux Etats-Unis.
He has relatives in the United States.

Here are a number of **faux amis** relevant to the subject of this lesson, namely education. Study the following:

French	English
le bachelier	bachelor **le/la célibataire**
someone who has the	bachelor of Arts **licencié(e)**
baccalauréat	**ès lettres**
le stage training period	stage **la scène**
l'avertissement (m.)	advertisement **l'annonce (f.)**
warning	
la lecture reading	lecture **la conférence**
la librairie bookshop	library **la bibliothèque**

Note also the following that could be **faux amis** in certain contexts:

le professeur can mean 'professor', but usually means 'teacher'.

le langage 'language', yes, but often in the sense of computer language, or the language used for expressing ideas; a foreign 'language' **la langue (étrangère)**.

la licence can mean 'licence', but is also used for 'university degree'.

la copie 'copy', certainly, but also refers to 'scripts' (exam, school, etc.).

la matière can mean 'matter', but is also a school subject; the 'matter' is normally **l'affaire (f.)**.

35 FURTHER USES OF 'BIEN'

Of course you know **bien** in the sense of 'well':

Il parle bien le portugais. He speaks Portuguese well.

But in the text you met **bien des** meaning 'many'. Likewise, you will hear **bien du, bien de la,** used to mean 'a great deal of':

bien des déceptions many disappointments
bien du mal a great deal of difficulty
bien de la chance a lot of luck

Bien is also often used to obtain confirmation of a statement. Study the following:

(On the telephone)
Est-ce que c'est bien le bureau de Monsieur Duval?
Is that Monsieur Duval's office?

Pardon, c'est bien ici le laboratoire de langues?
Excuse me, this is the language laboratory, isn't it?

36 PROVERBS

You will add a touch of colour to your speech and impress your French friends no end, if you can use an appropriate proverb or saying at the appropriate time. Learn these very common proverbs by heart:

Mieux vaut tard que jamais. Better late than never.

Le malheur des uns fait le bonheur des autres.
One man's joy is another is another man's sorrow.

Quand les poules auront des dents! Pigs might fly!

Quand le chat n'est pas là, les souris dansent.
When the cat's away, the mice will play.

Exercise 17

Reply to these questions but study the new words first:
tel, telle (f.) such; **malgré tout** in spite of everything;
soit (subj. of **être**) – here: may be.

1 Quelle est la comparaison faite par l'auteur du texte entre l'enfer et les séjours linguistiques?

2 Que constatent les parents, quand un enfant revient d'un séjour à l'étranger?

3 Comment les parents pourraient-ils éviter de telles déceptions?

4 Quelles sont, malgré tout, les expériences bénéfiques qu'un séjour à l'étranger peut apporter à un enfant?

5 Quelles sont les précautions à prendre pour s'entourer des garanties nécessaires au succès d'un séjour linguistique?

6 Donnez quelques exemples de formules qui soient possibles.

Exercise 18

Reply to the questions and base your answers on the clues provided. You will need to learn these words first:

le salon exhibition; **le concours hippique** horse show; **la faculté des Lettres** Faculty of Arts; **la cité universitaire** halls of residence; **se déplacer** to travel; **avoir le pied marin** to be a good sailor; **avoir horreur de** to detest; **propre** own.

1 Comment irez-vous au Salon des langues vivantes, qui aura lieu en février? (SNCF)

2 Pardon, comment est-ce que je peux aller de la faculté des Lettres à la cité universitaire? (M)

3 Le lycée a organisé un séjour en montagne pour toute la classe. Il paraît que notre chalet est perdu dans la montagne. Comment nous déplacerons-nous? (Mush, mush!)

4 Je n'ai pas le pied marin, j'ai horreur des avions et je me sens claustrophobe dans les tunnels. Comment est-ce que je vais traverser la Manche? (Hot-air balloon)

5 Donc, nous irons au concours hippique dimanche prochain. Je passerai te chercher à deux heures. Non, ce n'est pas la peine. J'irai par mes propres moyens … (Black Beauty).

Exercise 19

4

Complete these sentences after learning the new words:

l'enseignement (m.) teaching; **la lacune** gap, deficiency; **améliorer** to improve; **combler** to fill.

1 Les élèves [would improve] leur accent, si les lycées [were] mieux équipés en ordinateurs et cédéroms.

2 Vous [could] combler vos lacunes rapidement, si vous [took] des cours particuliers.

3 Si elle [had] le temps, elle [would choose] de regarder les émissions d'anglais de FR3.

4 Nous [would have studied] avec plus d'enthousiasme, si les méthodes d'enseignement des langues vivantes [had been] plus modernes.

5 Vous [should not have replied] au professeur sur ce ton-là.

Exercise 20

After learning the new words, answer the questions using an adjective with a negative prefix:

l'enseignement supérieur higher education; **se mettre en grève** to go on strike; **aller en pension** to go to boarding school.

1 Les réformes de l'enseignement supérieur proposées par le ministre de l'Éducation sont-elles acceptables?
2 Est-il probable que les professeurs se mettent en grève au moment des examens?
3 L'élève est-il heureux d'aller en pension?
4 Es-tu content de ton oral d'anglais?
5 Est-il normal que le gouvernement essaie de réduire le nombre des options offertes aux étudiants?
6 Est-ce que 'pouvoir' est un verbe régulier?

Exercise 21

One of the problems of learning a language is that, when you look a word up in the dictionary, you are often faced with a large number of alternatives. The difficulty is in knowing which one to choose.

Read the short story that follows and then, using your dictionary, decide on the correct translation of the word 'pass'. Do not translate the rest of the text.

Last July I <u>passed</u> three examinations, but I failed the fourth one. So I had to do some revision during the summer and time certainly <u>passed</u> very quickly. On the day of the examination I left home early because I had to <u>pass through</u> a busy part of the city. On the way to the bus stop I <u>passed</u> someone I knew, but I decided <u>to pass on</u> quickly, as I didn't want to arrive late.

When I arrived at the examination room I had to show my <u>pass</u>, just in case I was trying to <u>pass for</u> someone else. I sat down and soon a sheet of blank paper was <u>passed around</u> for the students to write their names on.

Finally, the examination papers were distributed and the questions were really difficult. One student even <u>passed out</u>.

A few weeks later I heard that I had <u>passed</u> with distinction, but I must say that on the day of the examination I would have preferred to say – '<u>I pass</u>'.

Exercise 22

Which French proverb would be most appropriate for the following situations? But, first, learn these words:

le surveillant supervisor; **le chahut** uproar; **la pré-retraite** early retirement; **les locaux (m.)** premises; **surchargé** overloaded, crowded; **craindre** (irreg.) to fear; **nommer** to appoint; **à la suite de** following; **ainsi** in this way; **davantage de** more.

1 Enfin! Les étudiants en langues peuvent maintenant étudier dans plusieurs pays de l'Union européenne et obtenir une licence reconnue par chacun de ces pays. Ce n'est pas trop tôt.

2 Dans notre école on nous promet depuis longtemps de nouveaux locaux, une bibliothèque toute neuve, des classes moins surchargées, davantage de professeurs, mais nous attendons toujours. Je ne veux pas être pessimiste, mais je crains que ces promesses ne se réalisent que...

3 Le directeur de l'établissement a dû prendre une pré-retraite à la suite d'un accident grave et moi j'ai été nommé à sa place. C'est ainsi que j'ai obtenu ma promotion.

4 Le surveillant s'est absenté de la salle d'étude quelques instants et les élèves en ont profité pour organiser un véritable chahut.

Exercise 23

Act as interpreter for Mme Leblanc and Mrs Jones in the following dialogue. Use your dictionary to look up any words you don't know before turning to the key.

MME LEBLANC **Nous avons l'intention d'envoyer notre fils en Angleterre pendant les vacances pour le motiver un peu. Est-ce que le séjour de votre fille en France l'année dernière a été bénéfique?**

MRS JONES Absolutely. She wasn't at all disappointed. She considerably enriched her vocabulary, including the four-letter words, but then why not, after all, they are part of the language. She also discovered a different country, with its traditions and culture, a country she didn't know at all.

MME LEBLANC **Quelle formule de séjour linguistique avez- vous choisie? Nous, nous préférerions une formule qui combine à la fois séjour en famille avec cours collectifs.**

MRS JONES We chose the option that was best suited to our daughter, that's to say staying with a family in the evenings and at weekends to improve her oral comprehension and to practise the language, together with classes in a college every morning.

MME LEBLANC **Avez-vous l'impression que les cours collectifs ont été bénéfiques et adaptés aux besoins de l'élève?**

MRS JONES According to my daughter, she felt that the classes helped her to master the syntax of the language and also the conjugations. She can now use the irregular verbs more easily and rapidly than before.

4

MME LEBLANC **A-t-elle eu des problèmes de communication avec la famille, des difficultés à suivre les conversations? A-t-elle aussi connu des moments de déprime où elle se sentait complètement perdue?**

MRS JONES Yes, a little at the beginning. But she went to France with good intentions and she made a considerable effort to get the most out of her stay abroad. She watched TV a great deal, she went to the cinema and she took part in all her favourite sporting activities such as tennis, horse-riding and cycling.

MME LEBLANC **Elle s'est donc bien habituée au style de vie français?**

MRS JONES Yes, very much so, but naturally she was glad to come home. She plans to return to France again as soon as possible.

REFERENCE

Quelques examens

L'ENSEIGNEMENT SECONDAIRE

Etablissement	Examen	Equivalent	Age
le collège	le brevet	GCSE	15
le lycée	le baccalauréat	A-Level	18

L'ENSEIGNEMENT SUPÉRIEUR

Etablissement	Examen	Equivalent
l'université/les IUT: Instituts universitaires de technologie		

le premier cycle:
deuxième année	le DUT: Diplôme universitaire de technologie le DEUG: Diplôme d'études universitaires générales	

le deuxième cycle:
première année	la licence	degree
deuxième année	la maîtrise	master's degree

le troisième cycle:
première année	DEA: Diplôme d'études approfondies Doctorat (de 3 à 5 ans)	doctorate

LES GRANDES ÉCOLES

Ce sont des établissements de l'enseignement supérieur très prestigieux. On y entre sur concours (le nombre de places étant limité), après avoir suivi au moins deux années de préparation après le baccalauréat.

Ces écoles forment les futurs hauts administrateurs d'Etat et les grands chefs d'entreprise.

Exemples:
Ecole Nationale d'Administration (ENA)
Ecole Polytechnique ['x'] (Ingénieurs)
Ecole Centrale (Ingénieurs)

LA SORBONNE

La Sorbonne, Université de Paris, est située au coeur [in the heart of] du Quartier Latin. Elle a été fondée en 1257 par Robert de Sorbon, théologien français et chapelain du roi pour permettre [to enable] aux écoliers pauvres d'accéder à l'enseignement. Ce collège devient très vite une célèbre faculté de théologie.

La Sorbonne jouera un rôle important dans les débats philosophiques et politiques de son temps. Les mouvements de contestation [protest] organisés par les étudiants en mai 1968 sont partis de la Sorbonne. L'Université a été par la suite réorganisée en universités autonomes.

Note: **L'ENA (Ecole Nationale d'Administration)** is pronounced as a word.
Le DEA (Diplôme d'études approfondies) is pronounced as separate letters, D, E, A. The gender of the abbreviation is determined by the gender of the first word, in this case '**le**'.

Lesson 5

You will learn about:
French working conditions

The language points covered include:
- choosing the right preposition after a verb
- the use of abbreviated words in familiar speech
- presenting an argument and counter-argument
- when to use 'matin/matinée', 'jour/journée', etc.
- telephoning in French

INTRODUCTION

La semaine de travail

En France la semaine légale de travail est passée de 39 heures à 35 heures. L'objectif était d'endiguer [to curb] le nombre de chômeurs (10,3% de la population active), qui avait franchi le cap des 3 millions [which had passed the three-million mark] au début des années 90. C'était une mesure impopulaire qui n'a pas véritablement été créatrice d'emplois mais qui a contribué à une semaine de travail moins stressante.

Aujourd'hui les entreprises réclament plus de souplesse [flexibility] dans l'application [implementation] de cette loi et des heures supplémentaires [overtime].

Le Télétravail ou travail à distance se développe mais relativement lentement par rapport à [compared to] d'autres pays européens.

Le taux de chômage [unemployment rate] a un peu régressé (9,3%) avec 2,3 millions de chômeurs mais il reste toujours trop élevé et les indemnités de chômage [unemployment benefits] sont très coûteuses [costly].

Les congés [holidays]

Les Français ont droit à [are entitled to] un minimum de cinq semaines de congés payés par an. Certains bénéficient de plus de cinq semaines. Pour éviter [to avoid] les départs

5

en masse en été et en hiver, les dates des vacances scolaires sont différentes selon les zones géographiques.

L'âge de la retraite (retirement)

Le système de financement des retraites par lequel [whereby] ce sont les actifs [people in employment] qui paient pour les retraités est devenu difficile, voire [namely] impossible à cause du nombre croissant des personnes à la retraite. Une réforme des retraites, visant à [aiming at] allonger le temps de travail, à augmenter les années de cotisation et à ajuster les différences qui existaient entre le secteur public et le secteur privé vient de passer. Il faut maintenant avoir cotisé 40 ans dans le secteur public pour obtenir le maximum de retraite. C'est une mesure très impopulaire qui a provoqué de nombreux mouvements de grèves [strikes]: transports, fonction publique [civil service], éducation nationale, Télécoms etc.. à travers [throughout] toute la France.

Quelques chiffres

Le SMIC, c'est à dire le Salaire minimum interprofessionnel de croissance [guaranteed minimum wage], est de 1 058 euros (6 881F) pour une semaine de 35 heures.

Le RMI , c'est à dire le Revenu minimum d'insertion [income support] a été créé par le gouvernement pour venir en aide aux personnes les plus démunies [deprived] et pour faciliter leur insertion sociale. Il s'élève à [it amounts to] 397 euros pour une personne seule.

TEXT 1

La vie au bureau: galère ou paradis?

1   Le temps passé au travail dépasse de loin celui que nous consacrons à la famille et aux loisirs. Bien que les heures prestées aient eu tendance à fameusement diminuer ces dernières décennies (en

gros, les horaires vacillent encore entre 37 et 40 heures/semaine), nous passons la majorité de la journée sur le lieu du travail. Heureusement que l'année est ponctuée de vacances tant attendues! Mais il n'empêche que les collègues, que nous côtoyons quelque 8 ou 9 heures par jour, partagent plus notre vie que le mari ou les enfants, avec qui nous passons une soirée écourtée par une réunion professionnelle ou quelque course indispensable.

2   DURS DURS LES DÉBUTS: Toujours la malvenue, l'horloge pointeuse! Allez expliquer à cette machine hostile que le vieux monsieur au volant de la voiture qui précédait flirtait constamment avec la deuxième vitesse et qu'ensuite, nous avons été obligés de conduire en ville comme sur le circuit de Francorchamps. Enfin, presque! De toute façon, ce n'est pas notre air bougon qui effacera nos 10 minutes de retard. Heureux donc ceux et celles qui bénéficient d'un horaire flottant, permettant à tout le monde d'arriver à l'heure qu'il lui convient, dans une certaine fourchette évidemment.

3   UNE BONNE ENTENTE: Une fois ce barrage franchi, dirigeons-nous vers la cafetière électrique pour engloutir une tasse de café salvatrice, mais qui se coince en travers de la gorge si le directeur se promène au même instant dans les parages, un œil noir dardé sur sa montre. Après avoir regagné subrepticement notre place et échangé quelques sourires avec les collègues en guise de bonjour et hop, la vraie journée de boulot commence. Les liens qui se créent sur le lieu du travail sont essentiels. Ils dépendent évidemment de la place qu'occupe la personne sur l'échelle hiérarchique mais en général, ils peuvent être bons et chaleureux. Les chefs de service imbuvables existent bien sûr, mais les collègues plutôt sympa et supportables constituent le plus souvent la règle générale.

Adapted from the Belgian *Actuapress* magazine

1   **la galère** slave ship – here: hell; **le paradis** paradise; **dépasser** to exceed; **de loin** by far; **consacrer** to devote; **bien que (+ subj.)** although; **les heures (f.) prestées** (Belgian expression) required number of hours one must work; **fameusement** (fam.) greatly; **la décennie** decade; **en gros** on the whole; **l'horaire (m.)** timetable; **le lieu de travail** workplace; **l'année est ponctuée de vacances tant attendues** the year is interrupted by keenly awaited holidays; **il n'empêche que …** be that as it may …; **côtoyer** to mix with – here: to work with; **quelque** (adv.) about; **partager** to share; **écourter** to shorten.

2   **dur** hard, difficult; **le début** beginning; **malvenu** unwelcome; **l'horloge pointeuse** clocking-in machine; **le volant** steering wheel; **… flirtait avec la deuxième vitesse** was driving slowly (lit. was flirting [ironic] with the second gear); **le circuit de Francorchamps** Francorchamps racing circuit in Spa (Belgium); **l'air (m.) bougon** (fam.) grumpy look; **effacer** to erase; **l'horaire (m.) flottant** flexi-time; **la fourchette** margin.

3   **l'entente (f.)** understanding, friendship; **le barrage** obstruction; **franchir** to clear, cross; **se diriger vers** to make one's way towards; **la cafetière électrique** coffee machine; **engloutir** to gulp down; **se coincer** to get stuck; **en travers de la gorge** in the throat; **dans les parages (m.)** in the vicinity; **un œil noir dardé sur sa montre** a disapproving look at his watch; **regagner sa place** to return to one's place; **subrepticement** surreptitiously; **le sourire** smile; **en guise de** as a way of (saying); **et hop** and off we go; **le boulot** (fam.) work; **les liens (m.)** relationships; **l'échelle (f.)** ladder; **chaleureux, -euse (f.)** warm; **le chef de service** head of department; **imbuvable** (fam.) unbearable (lit. undrinkable); **plutôt** rather, fairly; **sympa** (fam. abbreviation of **sympathique**) pleasant.

La semaine des 35 heures: un succès total pour Daniel

Daniel nous parle de son expérience personnelle depuis l'introduction des 35 heures dans son entreprise:

'Je travaille dans une modeste entreprise de 50 salariés dans l'est de la France. Nous fabriquons principalement du matériel électrique de jardin. Notre patron a finalement accepté la mise en place de la semaine des 35 heures, après de longues négociations.

'Je dois dire que, la réduction du temps de travail a été pour moi un véritable succès, autant sur le plan personnel que professionnel.

'Comment est-ce que j'occupe le temps libéré? Quel impact cette libéralisation a-t-elle eue sur ma vie?

'D'abord je consacre davantage de temps à ma famille parce que je suis plus disponible. Ensuite j'ai repris des activités sportives et culturelles auxquelles j'avais renoncé par pur surmenage. J'ai même réussi à renouer contact avec de vieilles connaissances que j'avais perdues depuis des années et deux fois par mois je fais du bénévolat.

'Du point de vue des congés annuels, nous n'avons guère changé nos habitudes. Nous partageons nos vacances entre vacances d'été et sports d'hiver. Par contre, nous prenons deux à trois fois par an des weekends prolongés, ce qui était pratiquement impossible les années précédentes. Je dois avouer que c'est presqu'un plaisir de retourner au boulot, les batteries rechargées.'

Qu'est-ce qui a changé?
'Ma feuille de paie, pour le moment n'a pas changé mais tous les salaires sont gelés. Il paraît que les

impôts vont baisser donc ce sera toujours une petite compensation.

'En plus je dois rester flexible en ce qui concerne mes horaires car il se peut qu'on me demande de venir travailler toute une journée, un samedi de temps en temps.

'Nous n'avons licencié personne et nous avons même pu embaucher deux nouveaux salariés. Le temps libéré nous a permis, à moi et à ma famille, de mener une vie moins stressante J'ai pu en profiter pour acquérir de nouvelles connaissances, utiles à ma formation et à mon développement personnel.

'En même temps, cela m'a permis de réfléchir à mon profil de carrière, à mes ambitions pour l'avenir, ce qui ne peut qu'augmenter mes chances d'employabilité.

'Tout d'un coup je vois la vie tout en rose!'

VOCABULARY / TRANSLATION NOTES

La mise en place setting up; **disponible** available; **renoncer à** give up; **par surmenage (m.)** through overwork; **réussir à** succeed in; **renouer** renew/resume; **le bénévolat** voluntary work; **les congés annuels (m.)** annual leave; **avouer** confess; **nettement** definitely; **geler** freeze; **l'impôt (m.)** tax; **licencier** make redundant/lay off; **embaucher** take on; **la connaissance** knowledge/acquaintance; **la formation** training.

5

37   VERBS + PREPOSITION + NOUN

In this lesson's first text we met:

... horaire flottant, permettant à tout le monde d'arriver à l'heure qui _lui_ convient
... flexi-time, allowing everyone to arrive at the time that suits him/her.

Les liens dépendent évidemment _de_ la place qu'occupe la personne sur l'échelle hiérarchique.
Relationships depend obviously on the position that the person occupies in the hierarchy.

Even advanced students continue to make mistakes in French when it comes to choosing the right preposition to use after a verb. We thought, therefore, that we should look at this subject again, but in greater detail. The following French verbs take **à** when followed by an object, but note that NO preposition is required in English:

échapper à	to escape
renoncer à	to give up, renounce
répondre à	to answer
résister à	to resist
jouer à	to play (game)
plaire à	to please
convenir à	to suit

Examples:
J'ai renoncé à mes projets.
I've given up my plans.

Some verbs take **de** before the object:

hériter _de_	to inherit
se souvenir _de_	to remember
s'approcher _de_	to approach
s'apercevoir _de_	to notice

Note again that NO preposition is required in English:

Nous nous sommes aperçus de l'erreur trop tard.
We noticed the mistake too late.
Nous nous approchons de la côte française.
We're approaching the French coast.
Il ne se souvient pas de la date de livraison.
He doesn't remember the delivery date.

Occasionally, the preposition used after a French verb comes as a surprise to English speakers:

to depend <u>on</u>	**dépendre <u>de</u>**
to be interested <u>in</u>	**s'intéresser <u>à</u>**
to thank <u>for</u>	**remercier <u>de</u>**
to laugh <u>at</u>	**rire <u>de</u>**
to think <u>of</u> (to reflect <u>on</u>)	**penser <u>à</u>**

Examples:
Je m'intéresse aux avantages en nature qui vont avec ce poste.
I'm interested in the fringe benefits that go with this post.

Nous vous remercions de votre commande No. 36 que nous avons reçue ce matin.
Thank you for your order No. 36, which we received this morning.

Finally, we have mentioned a number of French verbs which are followed by a preposition when NONE is required in English; the reverse is also possible:

to ask <u>for</u> something/ someone	**demander quelque chose/ quelqu'un**
to look <u>for</u>	**chercher**
to wait <u>for</u>	**attendre**
to listen <u>to</u>	**écouter**
to look <u>at</u>	**regarder**
to approve <u>of</u>	**approuver**

Examples:
Je cherche l'ANPE (Agence nationale pour l'emploi).
I'm looking for the Jobcentre.

Cet après-midi nous devons tous écouter le discours du Directeur sur l'avenir de notre entreprise au sein de l'Europe.
This afternoon we must all listen to the Director's speech on the future of our company within Europe.

38 EXPRESSIONS BASED ON COLOUR

Both English and French are rich in expressions based on colours. In English, we talk about 'feeling blue', 'being green with envy', 'rolling out the red carpet', 'white lies', and so on. Interestingly, sometimes the colour chosen to express a particular idea corresponds in both languages and, on other occasions, the colour is quite different.

Study the following:

1 noir black

In the text we saw:
regarder quelqu'un d'un œil noir
to give someone a black look

Note also:
l'or noir (pétrole)	black gold (oil)
la marée noire	oil slick
la ceinture noire	black belt (martial arts)

2 blanc white

passer une nuit blanche
to have a sleepless night
Il est blanc comme un cachet d'aspirine.
He's as white as a sheet.

les cols blancs
white-collar workers

3 bleu blue

les cols bleus blue-collar workers
avoir une peur bleue to have a bad fright
C'est un bleu. He's green (inexperienced).

4 jaune yellow

rire jaune to force oneself to laugh

5 vert green

donner le feu vert to give the green light
vert de jalousie green with envy
la ceinture verte autour de Paris the green belt
    around Paris
L'Europe verte European agriculture
Les Verts the Greens
le numéro vert Freefone

6 rouge red

le téléphone rouge the hot line
Elle est sur la liste rouge. She's ex-directory.
dérouler le tapis rouge to roll out the red carpet
Il est rouge comme une écrevisse (crayfish). He's as
    red as a lobster.
Il a son compte en rouge. His account is in the red.

7 rose pink

voir la vie en rose to see everything through rose
    coloured glasses
les Roses the Socialists (France)

The author recently read the following magazine headline:

Alerte rouge chez les Roses à cause des Verts.
Red alert for the Socialists because of the Greens.

39 PRESENTING AN ARGUMENT

The following will help you to present your argument more persuasively:

Je voudrais commencer par attirer votre attention sur le fait que ...
I'd like to draw your attention to the fact that ...

Commençons par examiner les statistiques.
Let's begin by examining the statistics.

Le rapport indique très nettement que ...
The report indicates very clearly that ...

Je n'ai pas besoin de vous rappeler que ...
I don't need to remind you that ...

Je pense que nous devrions examiner les avantages et les désavantages de ...
I think we should examine the advantages and the disadvantages of ...

Je dois souligner le fait que ...
I must stress the fact that ...

Il est évident que ...
It's obvious that ...

5

40 PRESENTING A COUNTER-ARGUMENT

Of course, you may not always be in complete agreement with your French colleagues:

Il n'empêche que …
Be that as it may …

Vous avez peut-être raison et je reconnais l'importance de ce nouveau projet, néanmoins …
You're probably right and I recognise the importance of this new project, nevertheless …

J'attache peut-être trop d'importance à cette question, mais d'un autre côté …
Perhaps I'm attaching too much importance to this point, but on the other hand …

5

J'approuve en grande partie la façon dont vous avez mené les négociations et pourtant …
I approve, to a large extent, of the way in which you have conducted the negotiations and yet …

Je comprends parfaitement votre point de vue, mais il n'en reste pas moins que …
I fully understand your point of view, but the fact remains that …

41 ABBREVIATED WORDS (FAMILIAR SPEECH)

In this lesson's text we saw the word **sympa** being used in place of **sympathique**. Abbreviating words in this way is very common in familiar speech; for example, you will often hear the following:

le/la proprio (propriétaire)	landlord, landlady
le frigo (frigidaire)	fridge
le prof (professeur)	teacher
la télé (télévision)	telly
l'apéro (apéritif)	aperitif

l'expo (exposition)	exhibition
les écolos (écologistes)	Greens, environmentalists
les fachos (pej.) (fachistes)	fascists

The following are used particularly by the younger generation:

le restau (restaurant)	restaurant
le labo (laboratoire)	lab
le ciné (cinéma)	flicks
la bibli (bibliothèque)	library

You will even hear young French people saying such things as:

'le petit déj'	breakfast
(le petit déjeuner)	
'cet aprèm' (cet après-midi)	this afternoon
'l'appart' (l'appartement)	apartment/flat

We have drawn all the above abbreviated forms to your notice because you'll often hear them when you're in France. Nevertheless, we must remind you that they're very much part of <u>familiar</u> speech, and we suggest that you use them yourself with care.

42 WHEN TO USE 'MATIN/MATINÉE', 'JOUR/JOURNÉE', 'SOIR/SOIRÉE', 'AN/ANNÉE'

The best advice we can give you regarding the above words is to make a note, each time you meet them, of the kind of phrase in which they have been used. In the meantime, there are a few guidelines we can offer you.

Matin, **jour**, **soir** and **an** are vague words and refer to the 'morning', 'day', 'evening' and 'year' <u>in general</u>; **matinée**, **journée**, **soirée** and **année** have a more precise meaning and are used in connection with a specific activity that takes place during these periods. For example, **une soirée** can also mean a 'party'.

Use **matin, jour, soir, an** after:

tous les ... (every ...):

tous les matins	every morning
tous les jours	every day
tous les soirs	every evening
tous les ans	every year

chaque (each):

chaque matin	each morning
chaque jour	each day
chaque soir	each evening

BUT: **chaque année** each year

Use **jour, an** after:

par (per, a):

trois fois par jour	three times a day
six fois par an	six times a year

a number:

quatre jours	four days
cinq ans	five years

Note also: ,

un de ces jours	one of these days
l'autre jour	the other day
l'autre soir	the other evening
Bonjour.	Good morning/afternoon.
Bonsoir.	Good evening.

BUT:
Bonne journée.	Have a nice day.
Bonne soirée.	Have a nice evening.
Bonne année!	Happy New Year!

Use **matinée, journée, soirée, année**:

after **toute la ...** (the whole, entire):

toute la matinée	the whole morning
toute la journée	all day long
toute la soirée	the entire evening
toute l'année	throughout the year

when accompanied by an adjective:

une matinée ensoleillée	a sunny morning
une journée rentable	a profitable day
une soirée agréable	a pleasant evening
une année bissextile	a leap year

Note also:

l'année dernière	last year
cette année	this year
l'année prochaine	next year
les années 60	the 60s
bien des années	many years

5

Examples:

L'autre jour nous nous sommes mis en grève sans l'accord du syndicat.
The other day we went on strike without the agreement of the union.

Tous les soirs, je me précipite vers ma voiture pour rentrer dare-dare à la maison.
Every evening I rush to my car, so as to return home double-quick.

Le programme de la matinée s'est déroulé comme prévu.
The morning's programme went off as planned.

Les bénéfices de cette année sont nettement en baisse.
This year's profits are definitely down.

43 THE POSITION OF ADJECTIVES

In French certain adjectives are placed in front of the
noun and others are placed after:

un vieux président an old president
un président américain an American chairman

There is, however, a group of adjectives which change
their meaning according to whether they precede or
follow the noun. Study the following:

ancien, ancienne (f.)
Before the noun = 'former'; after the noun = 'old',
'antique':

l'ancienne formule the previous formula
l'histoire ancienne ancient history

certain
Before the noun = 'certain' (limited); after the noun
= 'certain':
dans une certaine mesure to a certain extent
une chose certaine a certainty

différent
Before = 'various'; after = 'different':
les différents programmes the various programmes

Il faut une stratégie différente.
A different strategy is needed.

même
Before = 'same'; after = 'very, actual':

Ce n'est pas la même règle. It's not the same rule.
le jour même that very day

pauvre
Before = 'poor' (unfortunate); after = 'poor' (without
funds):

Le pauvre Jean, il n'a pas de chance!
Poor Jean, he is unlucky.

propre
Before = 'own'; after = 'clean':
sa propre société his/her own firm
un bureau propre a clean office

44 TELEPHONING IN FRENCH

Telephoning in a foreign language is always difficult, but the following expressions should help a great deal. You will need to use:

Pourriez-vous me passer Madame Duval, s'il vous plaît?
Could you put me through to Madame Duval, please?
Est-ce que je peux avoir le poste 36, s'il vous plaît?
Can I have extension 36, please?
Excusez-moi, je me suis trompé de numéro.
I'm sorry, I've got the wrong number.
J'ai trouvé un message sur mon répondeur automatique.
I've found a message on my answerphone.

You will hear:

C'est de la part de qui? Who's calling?
Ne quittez pas. Hold the line.
Voulez-vous rester en ligne ou préférez-vous rappeler plus tard?
Will you hold, or would you prefer to call back later?
C'est à quel sujet? What is it in connection with?
Voulez-vous bien épeler votre nom?
Would you kindly spell your name?

Now come all the excuses:

Elle est en déplacement. She's away on business.
Il est à l'étranger. He's abroad.

5

Elle n'est pas disponible.
She's not available.
Il est occupé sur l'autre ligne.
He's busy on the other line.
Je vais lui demander de vous rappeler.
I'll ask him/her to call you back.
Je peux peut-être vous aider moi-même.
Perhaps I can help you myself.

Exercise 24

Vrai ou faux? Say whether the following statements are true or false. If false, give the right answer. This exercise is based on texts 1 and 2. Study the following news words first:

invivable unbearable; **dépasser** exceed; **abandonner** give up.

1 La semaine de travail en Belgique s'est sérieusement réduite au cours des dernières décennies.

2 Malheureusement les congés n'ont lieu qu'une fois par an.

3 Ceux ou celles qui ont une activité professionnelle passent plus de temps à la maison qu'au bureau, grâce aux horaires variables.

4 Le principe de l'horaire flottant permet aux employés de choisir leur heure d'arrivée et de départ sans aucune contrainte.

5 L'atmosphère qui règne au bureau est insupportable car tous les collègues sont, sans exception, invivables.

6 Le nombre de salariés dans l'entreprise de Daniel dépasse 30 employés.

7 L'application des 35 heures dans l'entreprise de Daniel a été relativement facile.

8 Il a complètement abandonné le sport.

9 Son salaire va bientôt augmenter.

10 L'entreprise a licencié deux employés.

Exercise 25

Complete these sentences, after studying the following new words:

le chiffre d'affaires turnover; **le chômage technique** lay-offs; **la prime de rendement** productivity bonus; **muter** to transfer.

1 Je voudrais (to thank you for the extra day's holiday) que vous m'avez accordé.

2 (He is particularly interested in the possibilities) d'être muté à l'étranger.

3 Le chiffre d'affaires de l'entreprise (will depend on the efforts and the motivation) de tous les employés.

4 Les cols bleus (approve of the new idea) d'introduire des primes de rendement.

5 Le personnel féminin (is waiting for the introduction) de la semaine des 35 heures.

6 (I am always thinking of the risk) de me retrouver en chômage technique.

Exercise 26

Complete these sentences using a suitable 'colourful' expression (see Section 38). First study the following new words:

le comptable accountant; **la caissière** cashier; **l'indemnité (f.)** payment, compensation; **ancien, -ienne (f.)** former (before noun); old, ancient (after noun); **chavirer** to capsize; **blesser** to injure; **licencier** to make redundant; **garder son sang-froid** to keep a cool head; **s'inscrire** (irreg.) to put one's name down.

1 Le bateau 'Le Braer' qui transportait du pétrole a chaviré devant les Iles Shetland et a provoqué une véritable ...

2 La politique agricole commune (PAC) a souvent été contestée. ... coûterait-elle trop cher à l'Union européenne?

3 Après tous les appels téléphoniques suspects que nous avons reçus, nous avons finalement décidé de nous inscrire sur …

4 C'est l'ancien directeur qui avait introduit l'horloge pointeuse dans l'entreprise et, aujourd'hui, c'est son fils qui en est la principale victime. Tout le monde sourit mais, lui, il …

5 Il y a eu un hold-up à la poste ce matin. Les gangsters sont partis avec 7 700 euros, mais personne n'a été blessé. La caissière a gardé son sang-froid, mais elle a eu …

6 Notre comptable, il en a une tête aujourd'hui. Eh oui, on lui a annoncé hier soir qu'il allait être licencié sans aucune indemnité. Le pauvre, il en a …

Exercise 27

You disagree with your colleagues – match each numbered statement below with the appropriate statement identified by a letter above right. But first study the following new words:

le concurrent competitor; **le matériel** equipment; **la cote** popularity; **la climatisation** air conditioning; **les locaux (m.)** premises; **aborder** to broach; **dédommager** to compensate; **toucher** to receive.

1 Les résultats de la petite enquête qu'on a faite indiquent bien que notre chef de service n'a guère la cote parmi le personnel.

2 Je n'ai pas besoin de vous rappeler que nos salaires n'ont pas progressé autant que chez nos concurrents.

3 Commençons par examiner les faits: les locaux sont insuffisants, le matériel est démodé et la climatisation est constamment en panne.

4 Je voudrais attirer votre attention sur le fait que j'ai déjà fait des heures supplémentaires le mois dernier.

A C'est possible et pourtant à la dernière réunion, personne n'a abordé ces problèmes.

B Oui peut-être, mais il n'empêche qu'il est organisé, méthodique et intelligent.

C Oui, mais d'un autre côté, ça va vous permettre de nous dédommager de vos retards fréquents.

D C'est vrai, néanmoins nous touchons le treizième mois, la prime de rendement et nous avons quelques petits avantages.

Exercise 28

Fill the gaps with the appropriate expression taken from this list of words:

du soir; par jour; le matin; du matin; la soirée; tous les jours; de l'après-midi; le soir; ans; un de ces jours; la plus grande partie de la journée; dans quelques années.

You will need the following new words:

le dodo beddy-byes; **la retraite** retirement; **la devise** motto; **les heures d'affluence** rush hour; **épuisé** exhausted; **largement suffisant** more than enough; **dépouiller** to go through (mail); **atteindre** (irreg.) to reach; **avoir hâte de** to be in a hurry to.

La journée de travail de Monsieur Longuevy

…, c'est la même routine pour ceux ou celles qui ont un emploi: 'métro, boulot, dodo'.

Tôt …, ils prennent le métro aux heures d'affluence.
Ils passent … à dépouiller le courrier, à assister aux réunions et à planifier l'avenir.

… ils retournent chez eux, épuisés, et ils ont hâte d'aller se coucher.

Comment Monsieur Longuevy a-t-il réussi à rompre cette monotonie?

A 8 heures …, il part en vélo au bureau.

A une heure …, il sort manger au restaurant et s'accorde une pause bénéfique.

A 7 heures …, il quitte le bureau, car 8 à 9 heures de travail …, c'est largement suffisant!

De retour à la maison, il s'installe pour … devant un apéro bien mérité et regarde les informations à la télé avant d'aller se coucher.

…, lorsqu'il aura atteint l'âge de la retraite, à 60 ou plutôt 65 …, c'est-à-dire … encore, il sera complètement libre et disponible, mais en attendant voici sa devise:

'Vélo, boulot, restau, apéro, dodo.'

Exercise 29

Play the part of the French-speaking switchboard operator. Study the following new words first:

l'ingénieur-informaticien computer engineer; **la candidature** application; **à propos de** in connection with; **à l'appareil** on the phone.

M. JOLLY Allô, c'est Michel Jolly à l'appareil. J'ai envoyé ma candidature pour le poste d'ingénieur-informaticien et je voudrais parler à Madame Nicholson, s'il vous plaît.

SWITCHBOARD Hold the line please … Hello, the line is busy at the moment. Would you like to hold or do you prefer to call back later?

M. JOLLY Je préfère rappeler plus tard.

Later …

M. JOLLY Allô, c'est Michel Jolly. J'ai déjà téléphoné ce matin. Voulez-vous me passer Madame Nicholson, s'il vous plaît?

SWITCHBOARD Sorry, I can't hear you very well, the line is very bad. Would you kindly spell your name?

M. JOLLY	Oui, J-O-L-L-Y.
SWITCHBOARD	Just a moment please … Hello, unfortunately Mrs Nicholson isn't in her office. I'll try another number… Hello, Mrs Nicholson is at a meeting at the moment. Would you like to leave a message?
M. JOLLY	Non, j'essaierai encore une fois demain.

The following day …

M. JOLLY	Allô, c'est Michel Jolly, est-ce que je pourrais parler à Madame Nicholson, s'il vous plaît? C'est très urgent. C'est à propos de ma candidature pour le poste d'ingénieur-informaticien.
SWITCHBOARD	Apparently, Mrs Nicholson is away on business for the whole day. Can I help you?
M. JOLLY	Non, pas vraiment. Peut-être que oui, après tout. Quel est le meilleur moment pour avoir Madame Nicholson au téléphone?
SWITCHBOARD	Usually between 9 and 10 in the morning.

The next day …

| M. JOLLY | Allô, bonjour Madame, c'est Michel Jolly à l'appareil. Il est 9h30. Est-ce que Madame Nicholson est là, s'il vous plaît? |
| SWITCHBOARD | One moment please … Hello, yes, Mrs Nicholson is here, but she'll be busy all day with the interviews for the vacant post of computer engineer … |

Exercise 30

With the help of your dictionary give an English version of this advertisement:

COMPUMARK

Chiffre d'affaires: 50 millions d'euros.
Effectif: 100
Leaders dans le domaine de l'informatique,
nous recherchons
Directeur des ventes (H/F)

Vos missions:

a) Vous serez responsable du marketing et du développement commercial

b) Vous consoliderez notre position sur le marché national

c) Vous créerez de nouveaux débouchés à l'étranger

Vous offrez:

a) une formation supérieure

b) 6 ans au moins d'expérience réussie dans les ventes

c) la maîtrise totale de l'anglais

d) des qualités de négociateur et le sens de la créativité

Nous offrons:

a) une opportunité de carrière intéressante

b) une rémunération attractive(76 000 euros) par an + primes de rendement

Merci d'adresser votre dossier de candidature:
CV + photo, lettre manuscrite et rémunération actuelle sous ref. 234/A

Madame B. Lenoir, Chef du personnel
Société Compumark
Rue du 11 novembre, 50000 Saint-Lô

Here is an example of a CV – you might need to write one if applying for a job in France.

CURRICULUM VITAE

Amanda Smart
13 Hope Lane, Orpington, Kent BR7 ABC
Angleterre
TEL: (00 44) 81 1234567

NÉE: le 31 juillet 1960
MARIÉE: 2 enfants
NATIONALITÉ: anglaise

5

FORMATION

1976: GCE 'O' levels (équivalence BEPC)

1978: GCE 'A' levels (équivalence Baccalauréat)

1981: BA (Hons) Economics (équivalence Licence en sciences économiques), Université de South Bank, Londres

1982: MA in Management (équivalence Maîtrise de gestion), Université de Bristol

LANGUES

Anglais – Français: bilingue
Allemand: lu-parlé-écrit
Russe: notions

EXPERIENCE PROFESSIONNELLE

1981: Ets. Grandivitte
        (Service Informatique)
        Stage de trois mois

1982–5: Success Export Ltd, Londres
(matériel de bureau)
Assistante Export bilingue

1985: Excel-Equip (London) Ltd, Londres
(bureautique)
Chef du service Import-Export

LOISIRS Cinéma, Planche à voile, Cuisine

OBJECTIFS

Faire bénéficier une entreprise performante
de mes connaissances, de mon expérience
personnelle, de mes contacts à l'étranger
ainsi que de mon sens de l'organisation et de
la créativité.

Self-assessment Test 1

The following test is based on lessons 1–5. Deduct one mark for every mistake. All answers and score assessments are in the Key (pages 214–15).

A Translate:
1 We have been interested in team sports for three years.
2 Golf has become very popular since last year.
3 Since I am against 'franglais', it goes without saying that I prefer the word 'épinglette'.
(Total: 9 marks)

B Form adverbs from the following adjectives:
1 habituel
2 fier
3 récent
4 agréable
(Total: 4 marks)

C Select the appropriate definition for each word:
I Un bibliophile:
  a) quelqu'un qui lit la bible
  b) un passionné de livres
  c) quelqu'un qui travaille à la bibliothèque
2 Un anglophile:
  a) un spécialiste de la langue anglaise
  b) un terme qui vient de l'anglais
  c) quelqu'un qui est en faveur de tout ce qui est anglais
(Total: 2 marks)

D Find French equivalents for these anglicisms:

  1 un job intéressant

  2 c'est mon walkman.

  3 mon hobby préféré

  4 c'est un nouveau manager

(Total: 4 marks)

E Translate:

  1 She sat the examination.

  2 He got up at 7 o'clock.

  3 She prepared herself a delicious meal.

  4 We (m.) avoided each other.

  5 She has burnt her leg.

  6 Champagne sells well at Christmas.

(Total: 12 marks)

F Write these numbers in words:

  1 200 livres

  2 320 euros

  3 3 000 000 centimes

  4 71 jours

  5 85 drapeaux

(Total: 5 marks)

G Put the following verbs into the perfect tense:

  1 Les Rois Mages viennent admirer Jésus.

  2 Je (f.) vais à la messe de minuit.

  3 Les enfants deviennent impatients avant Noël.

  4 Je ne sors jamais la voiture du garage seule.

  5 Elle sort acheter une bûche de Noël.

(Total: 5 marks)

H How would you say to your French friends:
  1 Happy Birthday.
  2 Enjoy your meal.
  3 Safe journey.
  4 Enjoy yourself.
(Total: 4 marks)

I Numbers: Complete the following:
  1 voir … chandelles
  2 dire à quelqu'un ses … vérités
  3 se mettre sur son …
  4 passer un mauvais … d'heure
  5 faire d'une pierre … coups
(Total: 5 marks)

J Select the right meaning:
  Le bachelier
  1 un célibataire
  2 quelqu'un qui a obtenu le baccalauréat
  3 quelqu'un qui a une licence
  La librairie
  4 un magasin qui vend des livres et des magazines
  5 une bibliothèque
  6 une personne qui est libre
  La lecture
  7 un cours
  8 un professeur d'université
  9 action de lire
(Total: 3 marks)

5

K Give the French equivalent of these English proverbs:

1 Better late than never.

2 Pigs might fly.

3 One man's joy is another man's sorrow.

(Total: 9 marks)

L Complete the following:

1 Si nous (had) l'argent nous lui (would offer) un séjour en Angleterre.

2 Si vous (could) voyager par avion vous (would save) du temps.

3 Si elle (read) la presse française elle (would make) des progrès.

4 Vous (should have) y aller par le train.

(Total: 8 marks)

M Translate using **il est** or **c'est** (use the right tense).

1 It is certain that we will celebrate the 14th of July.

2 It's midnight. I wish you a happy new year.

3 We think that it will be a good New Year's Eve.

Complete the following, choosing the right position for the adjectives given.

4 (ancien)
Le … directeur … de l'entreprise a pris sa retraite.

5 (certain)
La semaine de travail est passée à 35 heures. Ça, c'est une … chose …

(Total: 5 marks)

N Fill in the gaps with the right preposition (where necessary)

1 L'ambiance dépend ... relations avec ses collègues.
2 Nous vous remercions ... cadeau que vous nous avez offert.
3 Je vais renoncer ... la cigarette.
4 Ils s'intéressent en particulier ... activités culturelles.
5 Elles écoutent ... la conférence sur la mondialisation.

(Total: 5 marks)

O Colours: Give the French equivalent of the following:

1 to be ex-directory
2 to have a sleepless night
3 to force oneself to laugh
4 an oil slick

(Total: 8 marks)

5

P Role-play. Play the part of the French-speaking switchboard operator:

Bonjour, Mademoiselle. C'est Jean Deshayes à l'appareil. Je voudrais parler à Madame Finchley.

One moment, please ... Hello, the line's busy. Would you like to hold?

Non, merci. Je vais rappeler plus tard.

(Later)
Allô, c'est Jean Deshayes à l'appareil. Pouvez-vous me passer Madame Finchley, s'il vous plaît?

I'm sorry, she's busy on the other line. I'll ask her to call you back.

Merci, Mademoiselle.

(Later)

Allô, pourriez-vous me passer Madame Finchley, s'il vous plaît?

Madame Finchley? I'm sorry, you've got the wrong number.

Oh, excusez-moi.

Allô, Allô, Allô.

(Recorded message)

Unfortunately, the office is closed. Please leave your message and telephone number and we will call you back as soon as possible.

(Total: 12 marks)

5

Lesson 6

You will learn about:
France and the European Union

The language points covered include:
- *dates and expressions of time*
- *some uses of the future and future perfect tenses*
- *the passive voice*
- *the little word 'y'*
- *idiomatic expressions involving animals*

INTRODUCTION

Citation de Victor Hugo, écrivain français, auteur des Misérables *(1848):*

'Un jour viendra où [when] vous France, vous Russie, vous Angleterre, vous Allemagne, vous toutes nations du continent, sans perdre vos qualités et votre glorieuse individualité, vous vous fondrez dans [you will merge into] une unité supérieure et vous continuerez la fraternité européenne.'

Quelques dates historiques

1951   Création de la CECA (Communauté économique du charbon et de l'acier)

1957   Signature du traité de Rome: Communauté économique européenne, la CEE, 6 pays signataires

1979   Création du Système monétaire européen, le SME avec l'ECU

1993   Le marché unique entre en vigueur [Single European Market]

1999   Adoption de l'euro par les banques

2002   Mise en circulation de l'euro

TEXT

Adieu le franc et bonjour l'euro

1 L'apparition du mot 'franc' en tant que monnaie est liée aux Anglais. En effet il a été créé par le roi Jean II dit Jean Le Bon en 1360. Celui-ci avait été capturé par les Anglais à la bataille de Poitiers en 1356. Le dauphin consentit à payer une rançon de 3 millions d'écus pour libérer le roi. A sa libération, quatre ans plus tard, le roi fait frapper une pièce d'or qui s'appellera le franc.
   Pourquoi le franc?
   A cette époque, le mot 'franc' signifiait 'libre' et le franc devenait symbole de liberté.

2 Plus de trois cents millions d'Européens utilisent désormais les pièces et les billets d'une monnaie commune. De Lisbonne à Helsinky et d'Athènes à Dublin, leur arrivée parachève un processus initié il y a plusieurs décennies, mené à bien par des milliers d'acteurs. Chacun des 12 pays a célébré l'événement à sa manière, généralement sous forme de concerts, de spectacles et de feux d'artifices.
   A Paris, le Pont neuf, le plus ancien de la capitale et l'un des plus connus à travers le monde s'est illuminé, le 31 décembre 2001 et

pour une semaine, aux couleurs de l'Europe. Le pont est l'un des thèmes figurant sur les billets, symbole du lien et de la communication entre les pays de l'Europe mais aussi avec le reste du monde. Les douze étoiles sur fond bleu du drapeau européen et le sigle de l'euro ont été projetés sur les arches du pont dont les 6 piliers portaient, de part et d'autre, les couleurs de chacun des pays de la zone euro. Des lasers balayaient le ciel, donnant de l'éclat à l'illumination.

A partir du 1er janvier la monnaie commune circulera dans la zone euro et dès le 18 février seuls les billets et les pièces en euros auront cours légal en France. Les 300 millions d'Européens pourront désormais voyager dans Euroland et y dépenser leurs propres euros à volonté.

3 La monnaie européenne: Les billets sont entièrement identiques pour les pays de la zone euro. Les pièces comportent une face nationale et une face commune à l'ensemble des pays, ce qui ne les empêche pas d'être acceptées dans toute la zone euro.

Pour la face française, les pièces émises en France comportent:
– pour les pièces de 1 et 2 euros, un arbre et les initiales RF dans un hexagone;
– pour les pièces de 10, 20 et 50 centimes, la Semeuse et les initiales RF;
– pour les pièces de 1, 2 et 5 centimes, la tête de Marianne et les initiales RF.

4 Thèmes représentés sur la monnaie: Les éléments architecturaux ont finalement été retenus parce qu'ils sont issus de l'héritage culturel européen et ils représentent parfaitement les différentes périodes de l'histoire européenne. Quant aux éléments choisis, ils symbolisent le lien entre les peuples qui forment l'Europe (les ponts), et l'ouverture, facteur essentiel du succès de l'Union

6

européenne (portes et fenêtres.) Les coupures ne
reproduisent pas des ponts, des fenêtres et des
portes existant réellement, mais elles représentent
des styles architecturaux évocateurs de la
créativité européenne au long de son histoire.

La lettre de l'euro 2003

VOCABULARY / TRANSLATION NOTES

1 **en tant que** as; **être lié à** to be linked to; **consentir à**
to agree to; **la rançon** ransom; **frapper une pièce** to
strike a coin; **libre** free.

2 **être en fête** to celebrate; **désormais** from now on;
parachever to put the final touches to; **la décennie**
decade; **mener à bien** to complete successfully; **le**
processus process; **le feu d'artifice** fireworks; **figurer**
sur to appear; **le lien** bond/link; **le sigle** abbreviation –
here: symbol; **de part et d'autre** on either side;
balayer to sweep across; **l'éclat (m.)** splendour; **avoir**
cours légal (m.) to be legal tender.

3 **comporter** to consist of; **émettre** (irreg.) to issue;
l'arbre (m.) tree, symbol of life and growth;
l'Hexagone (m.) metropolitan France (in view of its
shape); **RF: République française** French Republic;
la Semeuse female sower (she represents a pacific and
creative nation); **Marianne** symbol of the French
Republic – **Liberté, Egalité, Fraternité.**

4 **retenir** (irreg.) to retain; **quant à** as to; **l'ouverture (f.)**
opening; **la coupure** banknote; **au long de** throughout.

45 DATES AND EXPRESSIONS OF TIME

Le 1er (premier) janvier is, of course, the 1st January, but do remember that, with the exception of the first day of each month, the French use the cardinal numbers to express the date, i.e. they say 'the two January', 'the three February', etc.:

le deux janvier	the 2nd January
le trois février	the 3rd February
le sept mars	the 7th March
le vingt et un avril	the 21st April

When just talking about about the months themselves, we use **en**:

en mai	in May
en juin	in June

You will also meet **au mois de**:

au mois de juillet	in (the month of) July
au mois d'août	in (the month of) August

Other useful expressions you'll need to know are:

à partir du 11 septembre
starting from the 11th September
dès le 23 octobre
starting from the 23rd October
depuis (le mois de) novembre
since November
du 24 au 27 décembre
from the 24th to the 27th December

Examples taken from the text:

A partir du 1er janvier la monnaie commune circulera dans la zone euro.
From the 1st January, the common currency will be in circulation in the euro zone.

6

Dès le 18 février seuls les billets et les pièces en euros auront cours légal en France.
As from the 18th February, notes and coins in euros only will be legal tender in France.

Another example:

Depuis le 30 juin on ne peut plus échanger de francs français dans les banques.
Since the 30th June we can no longer exchange French francs in banks.

Make a note of these additional expressions of time:

au plus tôt le 1er janvier 2002
the 1st January at the earliest
au plus tard le 17 février 2012
the 17th February at the latest

... dans les mois, voire les années qui viennent.
... in the months, or perhaps even years to come.

Il faudra attendre 2007 pour les prochaines élections. D'ici là, tout peut changer.
We'll have to wait until 2007 for the next elections. Until then, everything can change.

6

46 FUTURE TENSE AFTER CONJUNCTIONS OF TIME

You are already capable of identifying the future tense (**vous verrez, il faudra, ils éprouveront**, etc...).
You must use the future tense with conjunctions referring to time when we're actually talking about the future. Study these:

quand	when
lorsque	when
dès que	as soon as
aussitôt que	as soon as

après que   after
tant que   as long as
tout le temps que as long as

Compare:

Quand je suis en France, j'en profite pour acheter du vin.
When I am in France, I take the opportunity of buying wine.

Quand je serai en France, j'en profiterai pour acheter du vin.
When I am in France, I'll take the opportunity of buying wine.

47 THE FUTURE PERFECT TENSE

You use the future perfect when you want to express 'will have' (+ past participle), for example:

J'aurai signé le contrat avant trois heures.
I'll have signed the contract by three o'clock.

Note also that the future perfect tense is used after conjunctions of time when they refer to completed action in the future:

Aussitôt que la banque anglaise pour laquelle il travaille aura ouvert des filiales en France, il demandera son transfert.
As soon as the English bank he works for has opened branches in France, he'll ask for a transfer.

6

TENSES AFTER 'SI' (IF, WHETHER)

Students are often uncertain about the tense to use after
si and, yet, French and English are alike in this respect.
Consider the following:

Present tense
**Si l'Europe s'élargit, le vote à la majorité sera
encore plus difficile.**
If Europe is enlarged, majority voting will be even more
difficult.

Imperfect tense
**S'il n'y avait pas le barrage des langues et des
cultures, l'Union européenne pourrait peut-être
mieux coopérer.**
If there weren't the language and culture barrier, the
European Union could perhaps cooperate better.

Perfect tense
**Si vous aviez bien placé votre argent à l'étranger,
vous auriez augmenté votre capital.**
If you had invested your money well abroad, you would
have increased your capital.

The future and conditional tenses are found after **si** only
in the meaning of 'whether':

Future tense
Je ne sais pas si les bagages seront fouillés.
I don't know whether the luggage will be searched.

Conditional tense
**Je ne sais pas s'il serait préférable d'acheter une
voiture en France ou en Angleterre.**
I don't know whether it would be preferable to buy a car
in France or in England.

6

49 THE PASSIVE VOICE

The passive voice is formed as in English with the verb 'to be' – **être**, and the past participle, e.g. **proposés** ('offered'). The past participle agrees with the subject; 'by' is translated by **par** (see *Hugo French in Three Months*, section 70).

Here are some examples from the text:

Plusieurs thèmes ont été proposés (par les experts).
Several themes have been offered (by the experts).
Les éléments architecturaux ont été retenus.
The architectural elements have been retained.

There is a tendency to avoid the passive voice in the spoken language by using **on**:

On a proposé plusieurs thèmes.
On a retenu les éléments architecturaux.

Note: the use of **on** is essential in expressions such as:

I have been told that …   **On m'a dit que …**

50 THE LITTLE WORD 'Y'

In the text we saw:

Les 300 millions d'Européens pourront désormais voyager en Euroland et y dépenser leurs euros à volonté.
The 300 million Europeans will from now on be able to travel in Euroland and spend their euros there as they wish.

1 So, one of the basic meanings of **y** is 'there'. Here's another example:

L'Italie attire beaucoup de touristes français, mais je n'y suis jamais allé(e).
Italy attracts many French tourists but I have never been there.

2 **Y** can also mean 'to it', 'to them':

Avez-vous ajouté les détails de l'assurance-automobile au dossier?
Have you added the details of the car insurance to the file?
Oui, j'y ai ajouté aussi le nom, l'adresse de la blessée.
Yes, I have also added the name and address of the injured person to it.

The important thing to remember is that **y** replaces a word or an idea introduced by **à** (see *Hugo French in Three Months*, section 66). Here are some more examples:

Avez-vous résité à la tentation?
Were you able to resist temptation?
Non, je n'ai pu y résister. No, I could not resist.

Vous intéressez-vous aux résultats des élections européennes?
Are you interested in the results of the European elections?
Non, je ne m'y intéresse pas du tout.
No, I'm not interested at all.

3 Here are some idiomatic uses of **y**:

Je n'y suis pour rien.
It's got nothing to do with me.

Ca y est, l'euro est arrivé ou mieux encore le Beaujolais nouveau est arrivé.
That's it, the euro has arrived or better still the 'Beaujolais nouveau' has arrived.

Elle s'y connaît en ordinateurs.
She's an expert on computers.

Pourriez-vous m'apporter le texte de la conférence?
Would you be able to bring me the text of the conference?

Je n'y manquerai pas.
I certainly will (lit. 'I won't fail in it').

51 EXPRESSIONS REFERRING TO ANIMALS

Make your conversation more picturesque by occasionally using the following:

tigre
être jaloux comme un tigre
to be extremely jealous

ours
Il ne faut pas vendre la peau de l'ours avant de l'avoir tué.
Don't count your chickens before they've hatched.

chien
mener une vie de chien
to lead a dog's life
Il fait un temps de chien.
The weather's awful.

chat
appeler un chat un chat
to call a spade a spade

loup
avoir une faim de loup
to be able to eat a horse
Quand on parle du loup, on en voit la queue.
Speak of the devil (and he'll appear).

poule
tuer la poule aux oeufs d'or
to kill the goose that lays the golden eggs
avoir la chair de poule
to have goosepimples

Exercise 31

Reply to these questions in French. They are based on the text 'Adieu le franc et bonjour l'euro'.

1 Qu'est-il arrivé au roi Jean Le Bon en 1356?
2 A quelle condition le roi a-t-il été libéré?
3 Quelle était la signification du mot 'franc' à l'époque?
4 Pourquoi l'Europe est-elle en fête?
5 Comment les différents pays de l'UE ont-ils célébré cet événement?
6 Où cette manifestation a-t-elle eu lieu à Paris?
7 Quels sont les trois symboles qui sont illustrés sur la face nationale des pièces?
8 Quels concepts représentent-ils dans la tradition française? (see translation notes).
9 Quels sont les symboles des éléments architecturaux et que représentent-ils?
10 Ces éléments architecturaux existent-ils en réalité?

6

Exercise 32

Complete the following sentences by translating the English, but first study these new words:

partager to share; **retirer** to withdraw; **afficher** to display; **le guichet** counter; **prévoir** (irreg.) to plan; **le sondage d'opinion** opinion poll.

1 (From the 1st January) 300 millions d'Européens partageront la même monnaie.

2 (Since last February) le franc a été retiré de la circulation.

3 (In a few days' time) tous les prix seront affichés en euros.

4 Vous pouvez échanger vos francs aux guichets des banques jusqu'au 30 juin (at the latest).

5 (In the coming years), l'Europe s'élargira.

6 Le référendum est prévu* pour l'année prochaine. (Until then), les sondages d'opinion peuvent changer.

(*__Prévoir__ is conjugated like **voir** except for the future and conditional.)

6

Exercise 33

Link the two sentences using the conjunction given. Make sure you use the right tense. Study the following new words first:

survivre (irreg.) to survive; **la vache folle** mad cow; **la nourriture bio** organic food; **s'habituer à** to get used to; **devoir** (irreg.) must/have to; **les marchandises** goods.

1 (Tout le temps que ...)

a) Le mot 'franc' reste dans les textes écrits.

b) Il survit

2 (Aussitôt que ...)

a) Les vaches ont été vaccinées.

b) On supprime l'embargo sur le boeuf.

3 (Tant que …)

    a) On a peur des conséquences de la maladie de la vache folle.

    b) La nourriture bio se vend bien.

4 (Après que …)

    a) On émet de nouveaux billets de banque.

    b) Il faut s'y habituer.

5 (Lorsque …)

    a) L'euro est créé.

    b) Les prix des marchandises doivent être affichés en euros.

Exercise 34

With the use of your dictionary, give the name of the countries the following clues refer to and indicate the name of the inhabitants:

6

1 Le siège du Conseil des ministres de l'UE.

2 Une petite royauté de 5 millions d'habitants.

3 'Le Songe d'une nuit d'été'.

4 L'emblème de ce pays est le trèfle.

5 Connu pour ses moulins à vent et ses faïences.

Exercise 35

Using the approximate method of conversion below, work out mentally the following prices in euros:

1 un timbre poste   3F
2 un journal   7F
3 une place de cinéma   45F
4 une consultation médicale 150F
5 un micro-ondes   600F
6 une voiture   100 000F

Pour convertir approximativement une valeur euro en franc et inversement, voici deux formules:

Mon prix en francs	Mon prix en euros
+ la moitié de mon prix en francs;	− un tiers de mon prix en euros;
le tout divisé par 10 = mon prix approché en euros.	le tout multiplié par 10 = mon prix approché en francs.
Exemple: uno baguette (4F + 2F) ÷ 10 = 0,6 euro	Exemple: une baguette (0,6 - 0,2 euro) x 10 = 4F

If you wish to be more accurate, use the official conversion rate together with your calculator.

Taux de conversion officiel:
1 euro = 6,55957 francs

Lesson 7

You will learn about:
The French as consumers

The language points covered include:
- *agreement of the past participle*
- *homophones*
- *'ce qui/ce que/ce dont/ce à quoi'*
- *words and expressions connected with money*
- *expressions using the word 'coup'*

INTRODUCTION

The numbers in this introduction to French shopping habits
refer you to the short vocabulary list at the end of the text.

La consommation des ménages

**La consommation des ménages [households] est
étroitement liée [closely linked] à la situation
économique et politique d'un pays. Si l'on constatait
dans les années 90 une baisse [reduction] des dépenses
des Français, ils continuaient néanmoins à acheter les
nouveaux produits, mais à des prix modérés dans les
grandes surfaces [hypermarkets]; ils étaient toujours à
la recherche de la bonne affaire [bargain].**

**Aujourd'hui, avec l'avènement [advent] du
commerce électronique, les internautes [Netsurfers]
contribuent à la mutation [change] des habitudes de
consommation. Ils sont disposés à [willing to] acheter
en ligne [on line] et à dépenser davantage pour la
culture, les loisirs, l'informatique et les aliments frais
[fresh food] à valeur nutritionnelle.**

**Mais dans l'ensemble [on the whole], la peur du
chômage et la diminution du pouvoir d'achat
[purchasing power] encouragent les consommateurs à
dépenser avec modération.**

**Les femmes et les enfants jouent un rôle prépondérant
dans l'acquisition de ces nouveaux articles. Les uns sont**

en faveur de l'équipement électroménager (micro-ondes[1], lave-vaisselle[2], aspirateur sans fil[3], lampe halogène); les autres sont attirés par les micro-ordinateurs[4], les disquettes, les VTT (vélos tout-terrain)[5], les téléphones portables[6], les appareils photos numériques[7], etc.

En outre, l'importance accordée aux loisirs continue à motiver l'achat de produits tels que les magnétophones[8], les chaînes hi-fi, les lecteurs de disques compact[9] ou même les caméscopes[10], tandis que ceux qui gèrent une petite entreprise familiale à domicile [at home] auront besoin d'un micro-portable, d'un fax ou d'un (téléphone) portable dans leur voiture.

L'I.F.O.P.* et la Sofres** sont deux instituts de sondage [polls], qui sont utilisés par les industriels pour tenter de mesurer l'intérêt que le public pourrait apporter à tel ou tel produit.

Les Français ont à leur disposition deux magazines pour les conseiller et défendre leurs intérêts, à savoir [namely] *Que Choisir?* et *50 Millions de Consommateurs*.

[1] microwave oven [2] dishwasher [3] cordless vacuum cleaner [4] microcomputer [5] mountain bike [6] mobile phone [7] digital camera [8] video recorder [9] CD player [10] camcorder

* Institut français d'opinion publique
** Société française de sondages et d'études de marché

7

Le consommateur fourmi

Le Français n'est pas cigale dans ses achats quotidiens, il est devenu raisonnable, exigeant et intelligent.

1   On soupçonnait le consommateur des années 80 d'être une cigale volage, éprise de luxe et de volupté. Celui des années 90 est devenu une fourmi. De récentes études indiquent que cette mutation s'est produite au cours des années 90. Le Credoc, organisme officiel d'analyse des courants de société, ainsi que le Cetelem, spécialiste du crédit à la consommation, ont consacré à ces évolutions une grande enquête, publiée le 15 janvier.

2   'Plus économiste qu'un économiste,' déclare M. Maurice de Talansier, directeur de la coordination commerciale du Cetelem, 'le Français des annés 90 économise sur tout, accommode les restes, éteint l'électricité en quittant son domicile, fréquente assidûment les hard-discounters, privilégie les marques distributeur, les motorisations automobiles diesel moins gourmandes et l'essence sans plomb moins taxée.' Bref, on croyait le consommateur morose, il n'est, en réalité, que devenu raisonnable, exigeant et intelligent. 'Une même femme qui offre à sa progéniture des chaussures de sport de marque achètera des premiers prix sur des basiques, comme les pâtes alimentaires, le sucre ou la farine,' confirme M. Michel-Edouard Leclerc, coprésident des Centres Leclerc. Achat gratifiant d'un côté, achat de nécessité de l'autre, les deux sont désormais le fruit d'un choix raisonné et soupesé. 'Le panier moyen par client a baissé chez nous,' précise M. Leclerc. 'Il est passé de 273 francs en 1991 à 258 francs en 1992. Mais, en réalité, la baisse du prix de certaines denrées alimentaires, comme les fruits ou les légumes, la volaille ou la viande de porc par exemple, s'est traduite par quelques points de pouvoir d'achat supplémentaires pour nos clients.'

7

3   Pingres, radins, rapaces, ces Français? 'Sûrement pas,' affirme M. de Talansier. 'Ils craquent encore pour des coups de cœur, mais à condition de s'être constitué une petite cagnotte auparavant.' Témoin: la montée en flèche des ventes de vins fins en 1992, au détriment des 'gros rouges': chez Leclerc, à Casino ou chez Nicolas, les campagnes dégustation et foires aux bons vins font un tabac. 'On s'offre volontiers une bonne bouteille le dimanche avec les économies qu'on a faites en semaine sur le riz sans marque ou les yaourts en promotion,' indique un caviste de Casino, rue des Belles-Feuilles dans le XVIe arrondissement à Paris.

4   Pour les loisirs, pas question de se serrer la ceinture. 'Si l'on raccourcit quelquefois ses vacances, on refuse de sacrifier la sacro-sainte sortie dominicale à la campagne,' explique M. Leclerc, dont les ventes de carburants ont augmenté de 4,5% l'an dernier, face à un tassement de l'alimentaire (+2%). Paradoxe: si les Français affirment se restreindre au maximum sur leurs dépenses de loisirs et de vacances selon l'enquête du Credoc, ce poste est aussi celui pour lequel 85% des foyers se déclareraient prêts à dépenser davantage, en cas de progression de leur revenu. Il passe avant l'épargne, les dépenses pour les enfants, l'habillement, le logement et l'électroménager, l'alimentation, la voiture, les soins médicaux, les soins de beauté, le tabac et les boissons… 'Les Français flambent moins, mais ils ne boudent pas,' renchérit M. Olivier Montfort, directeur général adjoint de Virgin Megastore. Le magasin des Champs-Elysées affiche une progression de 20% par rapport à janvier 1992 (le coup de pouce de trois dimanches): 'Lorsqu'un marché est bien animé, comme actuellement dans le disque avec la sortie presque simultanée d'un Paul McCartney et d'un Mick Jagger, les clients suivent. Ce qui est de qualité, ce qui est durable, original, authentique marche bien.'

Béatrice Peyrani, adapté du *Nouvel Economiste*

7

1 **le consommateur fourmi** ant-like consumer; **la cigale** cicada (type of grasshopper). The title of this text is based on La Fontaine's fable *La Cigale et la Fourmi* which contrasts the meticulous and methodical activities of the ant with the carefree, unplanned lifestyle of the cicada; **quotidien, -ienne (f.)** daily; **exigeant** demanding; **soupçonner** to suspect; **volage** fickle; **épris de** in love with; **la volupté** intense pleasure; **les courants de société** social trends; **ainsi que** as well as; **le crédit à la consommation** consumer credit; **l'enquête** survey.

2 **accommoder les restes** to use up the left-overs; **privilégier** to give preference to; **la marque distributeur** supermarket's own brand; **gourmand** greedy – here: thirsty; **l'essence (f.) sans plomb** unleaded petrol; **la progéniture** offspring; **des chaussures de sport de marque** trainers with a famous name; **les premiers prix** the lowest prices; **les pâtes (f.) alimentaires** pasta; **la farine** flour; **soupeser** to weigh up; **le panier moyen** average (shopping) basket; **baisser** to fall, drop; **les denrées (f.) alimentaires** foodstuffs; **la volaille** poultry; **le pouvoir d'achat** purchasing power; **pingre** (fam.) stingy; **radin** (fam.) tight-fisted; **rapace** grasping.

3 **craquer** (fam.) to give in; **le coup de cœur** sudden desire for something; **la cagnotte** savings (resulting from careful spending); **auparavant** previously; **le témoin** witness – here: proof; **la montée en flèche** considerable increase; **les gros rouges** (fam.) cheap red wines; **Leclerc, Casino, Nicolas** names of supermarket chains; **la dégustation (de vin)** (wine) tasting; **la foire** fair; **faire un tabac** to be a great success; **le caviste** person in charge of the wine cellar.

4 **se serrer la ceinture** to tighten one's belt; **raccourcir** to shorten; **la sortie dominicale** Sunday outing; **le carburant** fuel; **face à** faced with – here: compared with; **le tassement** slowing down; **se restreindre** (irreg.) to cut down; **les dépenses (f.)** spending; **le poste** item (budget); **le foyer** household; **l'épargne**

(f.) saving (putting money by); **l'électroménager (m.)** household electrical appliances; **les soins (m.)** care; **flamber** to spend extravagantly; **bouder** to sulk; **renchérir** to add (further); **le directeur général adjoint** deputy managing director; **afficher** to show; **par rapport à** compared with; **le coup de pouce** (fam.) a bit of a boost.

52 AGREEMENT OF THE PAST PARTICIPLE (VERBS CONJUGATED WITH 'AVOIR')

A reminder:
The past participle in French must agree (gender, singular or plural) with its object, when it FOLLOWS the object. This occurs in three kinds of sentences:

1 in questions beginning with **quel** (which, what), followed by a noun:

Quels vins avez-vous achetés?
Which wines have you bought?
Quelles chaussures de sport avez-vous choisies?
Which trainers did you choose?

2 after the relative pronoun **que** (whom, which, that):

les économistes que j'ai consultés
the economists that I consulted
la sortie dominicale qu'elle a sacrifiée
the Sunday outing which she has sacrificed

3 after the direct object pronouns (**le, la, les**):

L'électricité? Je l'ai éteinte.
The electricity? I've switched it off.
Les prix? Nous les avons baissés.
The prices? We've lowered them.
Ma vignette et mon permis de conduire? Je les ai enfin retrouvés.

My road tax and my driving licence? I've found them at last.

Note that the masculine gender overrides the feminine (but only in grammar!).

53 HOMOPHONES

In English we have many words which sound identical but which are spelt differently and have different meanings, for example:

weather, whether
draft, draught
rain, rein, reign

You won't be surprised to hear that the same situation exists in French:

vair	squirrel fur
ver	worm
verre	glass
vers	verse; towards
vert	green

seing	signature
cin(q)	five
sain	healthy
saint	saint
sein	breast

We bring this fact to your attention because confusion can easily arise and 'forewarned is forearmed' (**un homme averti en vaut deux**). By way of example, study the following short verse that every French child is familiar with – there are four homophones:

**Il était une fois
Une marchande de foi
Qui vendait du foie**

Dans la ville de Foix.
Elle se dit – 'Ma foi,
C'est la première fois
Que je vends du foie
Dans la ville de Foix.'

Note: **la fois** occasion; **la foi** faith; **le foie** liver;
Foix town in south-west France.

54 CE QUI/CE QUE/CE DONT/CE À QUOI

Ce qui and **ce que** translate the English 'what' when it
is the subject and object of a verb:

**Ce qui m'étonne, c'est que les vacances passent
avant l'habillement, le logement et la voiture.**
What astonishes me is that holidays come before clothes,
housing and the car.

**Je sais ce que vous pensez; à votre avis, les Français
sont devenus plus raisonnables et plus exigeants.**
I know what you're thinking; in your opinion, the French
have become more reasonable and more demanding.

In the text we met:

**Ce qui est de qualité, ce qui est durable, original,
marche bien.**
What is of high quality, long-lasting, original, sells well.

Note also that **ce qui** is used to express 'which', when it
refers to an idea, for example:

**Le Français des années 90 économise sur tout,
ce qui n'est pas surprenant, étant donné la
conjoncture actuelle.**
The French person of the 90s saves on everything,
which is not surprising, considering the present
economic situation.

Following on from **ce qui/ce que**, we have **ce dont**
(what ... of), for example:

Ce dont j'ai peur, c'est le chômage.
What I am afraid of is unemployment.
Voilà ce dont nous avons besoin!
That's what we need (have need of)!

Then there's **ce à quoi** (what ... to):

**Ce à quoi les chefs d'entreprise doivent s'adapter,
c'est la mondialisation.**
What the heads of companies must adapt to is
globalisation.

**Un vin fin avec un bon Camembert, voilà ce à quoi
je ne peux pas résister.**
A first-class wine with a good Camembert, that's what I
can't resist.

55 MONEY, MONEY, MONEY...

From every point of view, this has got to be an important
topic! We thought it would be helpful if we listed words
and expressions connected with money that you hear
frequently in France. Firstly words for money itself:

Formal	Familiar	Slang
l'argent (m.)	**le fric**	**le pèze**
les moyens (m.)	**le pognon**	**le grisbi**
les fonds (m.)	**les picaillons (f.)**	
	l'oseille (f.)	

A song made famous by singer Maurice Chevalier
exploits the wide range of words for money:

**'Du fric, du blé, de l'oseille, de la braise
Des picaillons, du flouze ou bien du pèze
Appelez ça comme vous voulez moi je m'en fous
Pourvu que j'en aie toujours plein les poches.'**

The slang word **le grisbi** was particularly fashionable in the 1950s as a result of Albert Simonin's novel *Touchez pas au grisbi* (which later became a successful film).

The following are some interesting money-related expressions that will make your French sound authentic.

When times are difficult:

être à court d'argent	to be short of money
être sur la paille	to be penniless
être fauché comme les blés (fam.)	to be stony-broke
avoir du mal à joindre les deux bouts	to have difficulty making ends meet
manger de la vache enragée (fam.)	to be on hard times
tirer le diable par la queue (fam.)	to be on one's uppers

It's probably true that, from time to time, everyone must:

se serrer la ceinture (fam.)	to tighten one's belt

We've all met people who are mean with money. Here are some words and expressions that the French often use to describe such people:

avare	miserly
radin (fam.)	stingy
pingre	mean
chiche	niggardly
le grippe-sou (fam.)	penny-pincher
l'harpagon (m.)	'scrooge'
être près de ses sous (fam.)	to be tight-fisted
vivre aux crochets de quelqu'un	to live off someone

Another interesting word in this connection is the verb **mégoter** (fam.) which once meant 'to collect cigarette ends'. The more usual meaning, however, is 'to bicker over small amounts of money'. Some years ago at the European Summit in Athens, President Mitterrand used the word **mégotages** (penny-pinching) in connection with Britain's contribution to the European Budget.

When our financial situation improves:

rouler sur l'or	to be rolling in money
être très aisé	to be wealthy
être (plein) aux as (fam.)	to be loaded
être bourré de fric (fam.)	to be rolling in it
être riche comme Crésus	to be fabulously rich (as rich as Croesus)

Finally, remember that **monnaie** usually means 'change' as in: **je n'ai pas de monnaie** (I haven't any change) or **Pouvez-vous me faire la monnaie de 50 euros?** (Can you give me change for 50 euros?) **Monnaie** can also mean 'currency' – **monnaie étrangère** (foreign currency).

56 EXPRESSIONS WITH 'COUP'

Consult any dictionary and you'll find an enormous number of entries under the word **coup** which basically means 'knock' or 'blow'. In the introduction/text we met:

les prix coup de cœur	very tempting prices
le coup de cœur	sudden desire for something
le coup de pouce	helping hand, boost

Here are just a few of the many expressions with **coup**:

Parts of the body
donner/recevoir un coup de pied	to kick/be kicked
donner/recevoir un coup de poing	to punch/be punched
jeter un coup d'œil	to glance, have a look
donner un coup de main	to give a helping hand
faire quelque chose sur un coup de tête	to do something on impulse

7

Weather

prendre un coup de soleil	to get sunburnt
prendre un coup de froid	to catch a cold
un coup de vent	a gust of wind
un coup de tonnerre	a clap of thunder

Sport

le coup d'envoi	kick-off
le coup franc	free kick
le coup bas	blow below the belt

Food and drink

boire un coup (fam.)	to have a drink
avoir un bon coup de fourchette	to be a hearty eater
un coup de rouge (fam.)	a glass of red wine

Emotion

un coup de foudre	love at first sight
sous le coup de la colère	in a fit of anger
avoir un coup de cafard	to have a fit of depression

Destiny

un coup de chance	stroke of luck
un coup de pot (fam.)	stroke of luck
le coup de dé	throw of the die/dice

Communication

donner/recevoir un coup de téléphone	to make/receive a phone call
passer/recevoir un coup de fil (fam.)	to ring/receive a phone call

To end this section, here's a well-known proverb:
faire d'une pierre deux coups
to kill two birds with one stone

Exercise 36

Answer the following questions. You will need to take note of the following new word:

le comportement behaviour.

1 Quelle est la comparaison qui est faite entre le consommateur des années 80 et celui des années 90?

2 De quelle manière les Français des années 90 essaient-ils de faire des économies?

3 Citer un exemple qui montre que les comportements des consommateurs peuvent être surprenants tout en étant raisonnés.

4 En ce qui concerne M. Leclerc, le panier moyen par client a baissé entre 1991 et 1992. Donnez les deux chiffres et écrivez-les en toutes lettres.

5 Que constate-t-on dans les supermarchés comme Leclerc, Casino et Nicolas qui prouve que les Français craquent encore pour des coups de cœur?

6 Quel changement remarque-t-on dans le domaine des loisirs?

7 Faites la liste des dépenses d'une famille française.

8 Quelle est la conclusion du directeur général adjoint de Virgin Megastore des Champs-Elysées à Paris?

7

Exercise 37

Replace the verb in brackets by the correct form of the
past participle. Study the following new words first:

le phare headlight; **les Antilles (f.)** West Indies;
à plat flat.

1 On s'est acheté une bonne bouteille de vin avec les
économies qu'on a (**faire**) cette semaine.

2 Ils ont quitté leur voiture en laissant leurs phares
allumés. Ce n'est qu'au retour qu'ils les ont
(**éteindre**). Heureusement, la batterie n'était pas
encore à plat.

3 Tu l'as (**croire**) cette publicité que j'ai (**voir**) dans
le journal d'hier? Il suffit, paraît-il, d'acheter un
lave-vaisselle pour obtenir deux billets d'avion
gratuits pour les Antilles.

4 Les nouveaux disques de Paul McCartney et de
Mick Jagger qui viennent de sortir, est-ce que ses
parents les lui ont (**offrir**) pour le récompenser de
son succès scolaire?

5 Une fois encore, c'est l'essence, l'alcool et le tabac
qui ont augmenté et, pourtant, le gouvernement
les avait déjà (**taxer**) l'an dernier.

Exercise 38

Complete the sentences choosing the most suitable
expressions from the list given in section 56. Study the
following new words first:

le concours competition; **faste** lucky; **remporter** to take
away – here: to win; **pile (fam.)** on the dot of; **par la force
des choses** by force of circumstances; **par-dessus le
marché** into the bargain; **ne t'en fais pas** don't worry.

1 Chez Champion il y a toujours quelqu'un à la
caisse pour nous aider à pousser les caddies et à
porter nos paquets.
– Oui, c'est très appréciable, il y a toujours
quelqu'un pour nous donner un coup ...

2 Les consommateurs d'aujourd'hui sont plus raisonnables par la force des choses et ils essaient donc de résister aux nombreuses tentations.
– Oui, c'est vrai, ils essaient de résister en particulier aux coups ...

3 En ce moment tout me réussit, c'est vraiment une période faste. Aujourd'hui je viens de remporter le premier prix du meilleur slogan publicitaire pour une nouvelle marque de café, et c'était un concours à l'échelon national.
– Tu as vraiment eu un coup ...

4 Non seulement nous avons du mal à joindre les deux bouts, mais par-dessus le marché on a des problèmes de famille, et je commence à déprimer.
– Ne t'en fais pas! Tout va s'arranger, ce n'est qu'un mauvais coup ...

5 Pour te changer les idées, je t'invite à voir le match de rugby France-Ecosse. Rendez-vous devant le stade à midi pile.
– Midi, d'accord, mais à quelle heure a donc lieu le coup ...

Exercise 39

Listen carefully to the authentic radio advertisements on the CD and then answer the following questions in English. Listen <u>before</u> looking at the printed text which follows. Study the following new words before you begin:

le bilan de santé (medical) check-up; **la salade composée** mixed salad; **débrouillard** resourceful; **futé** shrewd; **se régaler** (fam.) to have a delicious meal; **guérir** to get better (health); **valoir le coup** to be worth it.

Questions:

Advert 1

1 What product is recommended by the customer?

2 What does the customer particularly enjoy there?

3 What are the attractions mentioned by the presenter?

Advert 2
1 What is being advertised?
2 What pleasant surprises await the customers?
3 Did you recognise the two places mentioned in Paris?

Advert 3
1 What product is being advertised?
2 Mention three reasons why you should buy this product.
3 How can a paediatrician help you?

Advert 4
1 What product is being advertised?
2 What information does it contain?
3 Who recommends it?

RADIO ADVERTISEMENTS

1 CLIENTE: La première fois, je suis venue grâce à une amie. Je pensais que le restaurant Campanile était réservé à la clientèle de l'hôtel. Pas du tout. Depuis, on vient assez souvent déjeuner ou diner avec mon mari et vraiment on se régale. Avec les buffets Campanile, le choix est formidable. Il y a des salades composées, les crudités de saison, du poisson froid, euh ... des charcuteries, des fromages et alors, le buffet dessert, hm ...
PRÉSENTATEUR: Déjeunez ou dinez chez Campanile; vous apprécierez l'accueil et les prix et vous redécouvrirez les saveurs de la cuisine traditionnelle ...

2 C'est la mode de dépenser mieux! Aujourd'hui, dernier jour de cadeaux-surprise aux Galeries Lafayettes. Exceptionnellement, aujourd'hui, moins 15% sur tout le magasin. Vous payez avec votre carte Galeries Lafayettes et vous profitez de moins 15% sur la mode, la maison, la beauté, la déco. Au mois de mai, les prix vous sourient jusqu'à ce soir, moins 15%

sur tout le magasin sauf points rouges. C'est la mode de dépenser mieux, aux Galeries Lafayettes, Haussmann et Montparnasse.

3 Comment rester jeune après 40 ans? Top Santé vous le dit. Vous prolongerez longtemps votre jeunesse en suivant les conseils de Top Santé. Dans Top Santé, les animaux qui peuvent vous aider à guérir. C'est votre chien et votre chat et Top Santé vous explique leur utilité. Top Santé, tout ce qu'il faut savoir sur les bilans de santé et comment en faire bon usage. Enfin, si votre enfant est fatigué, suivez les recommandations du pédiatre, ce mois-ci dans Top Santé.

4 Pour prendre la France du bon côté, le Petit Futé, un guide de 900 pages sur la France connue et méconnue. Le Petit Futé France, les itinéraires, de superbes petites escapades aux quatre coins de la France; le Petit Futé, les auberges de charme, les gîtes ruraux, les sites les plus pittoresques et tous les petits paradis cachés; le Petit Futé France, tous les endroits de France qui valent vraiment le coup, le Petit Futé, le Petit Futé France, le guide drôlement débrouillard. Recommandé par RTL (Radio-Télé-Luxembourg).

Exercise 40

First read this fable:

LA CIGALE ET LA FOURMI
La cigale, ayant chanté
  Tout l'été,
Se trouva fort dépourvue
Quand la bise fut venue:
Pas un seul petit morceau
De mouche ou de vermisseau.
Elle alla crier famine
Chez la fourmi sa voisine,
La priant de lui prêter
Quelques grains pour subsister
Jusqu'à la saison nouvelle.
Je vous paierai, lui dit-elle,
Avant l'oût*, foi d'animal,
Intérêt et principal.
La fourmi n'est pas prêteuse:
C'est là son moindre défaut.
Que faisiez-vous au temps chaud?
Dit-elle à cette emprunteuse.
Nuit et jour à tout venant
Je chantais, ne vous déplaise.
Vous chantiez! j'en suis fort aise
Eh bien! dansez maintenant.
La Fontaine (1621–95)

Now, with the help of your dictionary, reformulate in French the meaning of the following:

1 fort dépourvue
2 Quand la bise fut venue
3 crier famine
4 Je vous paierai, lui dit-elle
   Avant l'oût*, foi d'animal
5 Nuit et jour à tout venant,
   Je chantais …

*Notice the spelling; this is now written **août**

Lesson 8

You will learn about:
The city of Caen in Normandy

The language points covered include:
- *the subjunctive*
- *prepositions*
- *some uses of the future and past historic tenses*
- *pronunciation: some difficult or unexpected sounds*

INTRODUCTION

Une ville normande: Caen

 Autoroute de Normandie
de Paris à Caen (240km) – Péage.

 Ligne SNCF Paris/Gare Saint-Lazare-Cherbourg
Trajet 2 heures Paris-Caen (TGV).

 Aéroport de Caen Carpiquet
Lignes régulières (Brit Air) avec le Havre
Londres-Gatwick, Rennes, Lyon, Toulouse.

 Caen/Ouistreham-Portsmouth
Liaisons quotidiennes avec la compagnie
Brittany Ferries. Traversée 6 heures.

Caen: 112 846 habitants
414 ha d'espaces verts
Agglomération: 200 000 habitants
70 hôtels – 2 400 chambres
80 trains journaliers
1er port de Basse-Normandie
95 écoles publiques ⎤
37 écoles privées ⎦ **38 000 élèves**
Université: 22 000 étudiants
10 bibliothèques

By kind permission of:

Office du Tourisme –
Place Saint-Pierre – 14300 Caen
Tél. Accueil: 31.86.27.65 – Professionnels:
31.86.35.76 – Direction: 31.86.78.78

TEXT

Caen et son histoire

1   La Ville de Caen est la préfecture du département
du Calvados et la capitale de Basse-Normandie.
Elle est située à 223 km de Paris et compte une
population d'environ 113 000 habitants. Elle se
trouve à 1h50 minutes par turbotrain de la
capitale, est desservie par un aéroport à Carpiquet
et bénéficie d'une ouverture sur la Manche par le
canal de Caen. C'est une ville moderne qui a été
reconstruite après la guerre et qui a conservé sa
richesse architecturale. Elle est connue sous le nom
de 'la Ville aux cent clochers'.

L'essor de la ville de Caen remonte au 11ème
siècle, époque à laquelle Guillaume le Conquérant,
duc de Normandie et futur Roi d'Angleterre
(Bataille de Hastings 1066) décida d'établir sa
résidence préférée à Caen. Guillaume y fit
construire un château qui sert aujourd'hui de lieu
d'expositions et abrite le musée de Normandie et
celui des Beaux-Arts. Le château est entouré de
remparts qui surplombent la ville. Les deux impo-
santes abbayes furent aussi fondées à cette époque.

2   L'ABBAYE-AUX-HOMMES: L'Abbaye fut commencée en
1066 par Guillaume le Conquérant et avait été édifiée
au départ à l'intention des moines bénédictins.

'Pour se réconcilier avec le Vatican qui lui
reprochait d'avoir épousé la princesse de Flandres,

sa lointaine cousine, en 1066 Guillaume le Conquérant lance la construction de l'Abbaye-aux-Hommes. Ce chef-d'œuvre architectural frappe par l'élégance de ses lignes, mêlant l'esthétique romane, l'élan gothique et la majesté classique des logis conventuels dus à l'architecte Guillaume de la Tremblaye (XVIIIe siècle). Après la révolution, Napoléon 1er transforme l'abbaye en lycée, fonction que l'édifice conservera jusqu'en 1965, avant de devenir l'Hôtel de Ville de Caen, sans conteste l'un des plus beaux de France. Tout le monument est émaillé d'escaliers admirables, de salles grandioses et de ferronnerie d'art littéralement virtuose. L'église abbatiale Saint-Etienne, consacrée au culte catholique, abrite le tombeau de Guillaume le Conquérant.'

3 L'ABBAYE-AUX-DAMES: 'L'Abbaye aux Dames, fondée par Mathilde de Flandre, épouse de Guillaume le Conquérant, fut consacrée en 1066. Les bâtiments conventuels que nous pouvons admirer aujourd'hui furent construits au XVIIIe siècle. Bâtie entre 1060 et 1080, l'abbatiale de la Trinité a été remaniée au XIIe siècle. La Reine Mathilde repose dans le chœur de l'abbatiale: on peut lire, gravée dans une dalle de granit noir, son épitaphe, qui vante sa haute lignée et sa grande piété.' Les bâtiments conventuels de l'Abbaye-aux-Dames sont aujourd'hui le siège du Conseil Régional.

4 La Normandie avait été reprise aux Anglais en 1204 mais la ville de Caen fut de nouveau assiégée par les Anglais au cours du 14ème et du 15ème siècles, ce qui provoqua l'émigration d'une partie de la population. Ce ne fut qu'en 1450 que Charles VII, Roi de France, libéra la Normandie à la Bataille de Formigny. La ville continuera à souffrir des guerres de religion entre Catholiques et Protestants au 16ème siècle et le tombeau de Guillaume sera même profané ainsi que les églises saccagées.

Mais au 19ème et au 20ème siècles, Caen prendra de l'expansion et deviendra un centre commercial et industriel avec ses chantiers navals et son port, tout en continuant à faire rayonner sa culture et à développer son université. La fondation de cette université est l'œuvre du Roi Henry VI d'Angleterre en 1432. Elle fut entièrement reconstruite en style moderne et fut inaugurée en 1957. Elle offre aujourd'hui de nombreux stages d'été pour étudiants étrangers.

5   Une autre date historique qui restera gravée dans la mémoire de la ville de Caen est la date du 6 Juin 1944, jour où les Alliés débarquèrent en Normandie. La Bataille de Caen dura deux mois et la ville fut pratiquement détruite. Les églises et les abbayes serviront de refuge pour protéger la population. Depuis le 6 juin 1988, jour où le musée pour la paix, le Mémorial, a été inauguré par le Président Mitterrand, Caen est devenu le symbole de la paix.

MÉMORIAL: Un musée pour la paix
'La douleur m'a brisée, la fraternité m'a relevée, de ma blessure a jailli un fleuve de liberté.'

'Situé au nord de la ville, le Mémorial propose un voyage à l'intérieur du XXe siècle, avec la caution des meilleurs spécialistes en histoire contemporaine. Le Mémorial invite à une réflexion sur l'origine de la Seconde Guerre mondiale, sur la mobilisation de l'économie en temps de guerre et aussi sur le totalitarisme et la fragilité des démocraties. Pour cela, le Mémorial fait appel aux techniques les plus modernes de la communication: télématique, vidéo-disque, spectacles audiovisuels sur écran géant... C'est un lieu vivant qui propose différents services: un centre de documentation, un jardin d'enfants, un service éducatif, un restaurant, une boutique...'

Les travaux pour la réalisation du Musée furent commencés en 1986 en présence du Premier ministre de l'époque, Jacques Chirac.

A l'extérieur du Musée sont alignées douze pierres, gravées d'un message de paix, représentant les pays qui ont participé à la guerre.

8

La pierre française porte l'inscription suivante:

> 'JE SUIS NÉ POUR TE CONNAÎTRE
> POUR TE NOMMER
>
> LIBERTÉ'
>
> *France* Paul Eluard 1942

(PAUL ELUARD: **Poète français (1895–1952). Il fut un des poètes de la Résistance.)**

6 **En plus de ses nombreux chefs-d'œuvre architecturaux souvent construits en pierre de Caen, pierre de taille blanche qui a été exportée au 11ème siècle en Angleterre pour la construction de la Tour de Londres, Caen est aussi renommée pour la recette des tripes à la mode de Caen. Le calvados, alcool de pommes, est omniprésent dans les recettes de cuisine normandes. Bien que la tradition du café arrosé de 'calva' ait tendance à disparaître, sauf peut-être encore dans les campagnes, aujourd'hui, l'usage veut que l'on serve le calvados à la fin du repas en guise de digestif ou bien au milieu en 'trou normand' (nature ou sous forme de sorbet parfumé au calvados).**

> 'Bois peu
>   mais bon!'
>
> Devise des Chevaliers du Trou Normand

La ville de Caen est jumelée avec Portsmouth en Angleterre.

Quotes taken from a leaflet published by:
**Office du Tourisme –
Place Saint-Pierre – 14300 Caen.
Tél. Accueil: 31.86.27.65
Professionnels: 31.86.35.76
Direction: 31.86.78.78**

8

VOCABULARY / TRANSLATION NOTES

1   **la préfecture** administrative headquarters for the
    département; **compter** to have, to count; **environ**
    about; **desservir** to serve; **le clocher** church tower,
    steeple; **l'essor de la ville remonte au 11ème siècle**
    the development of the city dates back to the 11th
    century; **Guillaume le Conquérant** William the
    Conqueror; **fit** (past hist. of **faire**) **contruire** had built;
    abriter to house, to shelter; **le musée des Beaux-Arts**
    the Museum of Fine Arts; **entouré de** surrounded by;
    surplomber to overhang; **fonder** to found.

2   **(L'Abbaye) avait été édifiée au départ à l'intention
    des moines bénédictins** (The Abbey) was built initially
    for the Benedictine monks; **reprocher** to reproach;
    sa lointaine cousine his distant cousin; **le chef-
    d'œuvre** masterpiece; **frapper** to strike, amaze;
    mêler to combine; **roman** Romanesque; **les logis
    conventuels** monastery (or nunnery); **dus à** designed
    by (lit. due to); **le lycée** secondary school; **fonction que
    l'édifice conservera jusqu'en 1965** a function that the
    building was to keep right up till 1965; **l'Hôtel de Ville**
    Town Hall; **émaillé de** filled with; **l'escalier** staircase;
    la ferronnerie d'art wrought ironwork; **virtuose** –
    here: superb; **consacrer** to dedicate, to consecrate;
    le culte catholique the Catholic form of worship.

3   **l'abbatiale (f.)** abbey church; **remanier** to modify;
    reposer to lie (buried); **le chœur** choir, chancel;
    gravée dans une dalle de granit noir engraved
    in a slab of black granite; **vanter** to praise;
    la lignée lineage.

4   **La Normandie avait été reprise aux Anglais en
    1204** Normandy was recaptured from the English in
    1204; **de nouveau** again (anew); **assiéger** to besiege;
    libérer to free; **profaner** to desecrate; **... ainsi que
    les églises saccagées ...** and (lit. as well as) the
    churches were pillaged; **le chantier** naval shipyard; **tout
    en continuant à faire rayonner sa culture** while
    continuing to spread the influence of its culture;
    l'œuvre (f.) work; **le stage** course, training period.

8

5   **la Paix** peace: the following quotation appears on the façade of the Memorial Museum: '**La douleur m'a brisée, la fraternité m'a relevée, de ma blessure a jailli un fleuve de liberté.**' Pain broke me, brotherhood raised me up, from my wound flowed a river of liberty; **la caution** help, support, guarantee; **faire appel à** to call on; **la télématique** combination of computers and telecommunication networks; **un écran géant** giant screen.

6   **en plus de** in addition to; **la pierre de taille** freestone; **renommé pour** renowned for; **la recette** recipe; **café arrosé de 'calva'** coffee laced with calvados; **en guise de digestif** by way of liqueur; **le trou normand** glass of calvados drunk in the middle of a meal; **nature** neat, with nothing added; **la devise** motto; **le chevalier** knight; **jumeler** to twin.

57 THE SUBJUNCTIVE (PART 1)

Did you spot the two subjunctives in the text? They were:

Bien que la tradition ... ait tendance à disparaître ...
Although the tradition ... has a tendency to disappear ...

... l'usage vent que l'on serve le calvados à la fin du repas ...
... custom requires that the calvados be served at the end of the meal ...

Of course, you'll already have studied the subjunctive in your previous textbooks (*Hugo French In Three Months*, section 82), but as so many students still seem uncertain about this important aspect of French grammar (its correct use is, after all, the hallmark of an educated speaker), we thought it would be helpful to remind you of the main occasions on which it is used.

The subjunctive must be employed after:

1 verbs expressing a wish, for example:

je veux (voudrais)	que Caen <u>devienne</u> un
il/elle souhaite	centre commercial
nous désirons	
vous préférez	
ils/elles aiment mieux	

2 verbs/expressions denoting regret:

je regrette	que le quartier <u>ait</u> été
nous sommes désolés	détruit lors des
ils/elles sont navré(e)s	bombardements de
il est dommage	la Seconde Guerre mondiale

3 verbs denoting a suggestion:

je suggère	que la Tapisserie de
nous proposons	la Reine Mathilde à
	Bayeux qui illustre
	la conquête normande
	<u>fasse</u> partie de notre
	excursion

4 verbs/expressions denoting doubt:

je doute	que le Premier ministre
il/elle ne croit pas	<u>veuille</u> retarder la pose
nous ne pensons pas	de la première pierre[1]
ils/elles ne sont pas	du nouvel hôpital
certain(e)s	

[1]laying of the foundation stone

5 expressions denoting anger:

je suis fâché	que la municipalité[2]
il/elle est mécontent(e)	<u>soit</u> d'accord pour
nous sommes furieux	construire une piscine
	dans le quartier des
	hôtels particuliers[3]

[2]town council [3]private mansion

6 verbs/expressions denoting pleasure:

je me réjouis **il/elle est ravi(e)** **nous sommes contents** **ils/elles sont heureux** **(-euses)**	que vous <u>puissiez</u> venir visiter les plages du débarquement[1] cette année

[1]allied landings

7 verbs/expressions denoting fear:

j'ai peur **nous craignons**	que notre ville ne <u>prenne</u> trop d'expansion et ne <u>perde</u> son cachet[1] ancien

[1]character

8 verbs/expressions denoting surprise:

je m'étonne **nous sommes étonnés** **elles sont surpris(es)**	que vous ne <u>sachiez</u> pas que le Mémorial est un musée pour la paix

You must also remember to use the subjunctive after the following conjunctions. Those marked with * require **ne** before the verb:

<u>Condition</u>
à condition que on condition that
pourvu que provided that
à moins que* unless

<u>Purpose</u>
pour que in order that, so that
afin que in order that, so that

<u>Time</u>
jusqu'à ce que until
avant que* before

8

<u>Caution</u>
de peur que* for fear that, lest
de crainte que* for fear that, lest

<u>Concession</u>
quoique although
bien que although

Examples:
A condition qu'il y ait un jardin d'enfants, je veux bien visiter le Musée avec mes deux petits-fils.
On condition that there's a kindergarten, I'm willing to visit the Museum with my two grandsons.

J'ai téléphoné d'abord, de peur que nous ne trouvions personne à la maison.
I telephoned first, for fear that we might find no one at home.

58 PREPOSITIONS (PART 1)

In this lesson's text we met a number of prepositions; sometimes the preposition came as no surprise:

La ville est desservie <u>par</u> un aéroport à Carpiquet.
The town is served <u>by</u> an airport at Carpiquet.
Caen a été reconstruite <u>après</u> la guerre.
Caen was rebuilt <u>after</u> the War.

And sometimes the preposition was a little unexpected:

Le château est entouré <u>de</u> remparts.
The château is surrounded <u>by</u> ramparts.
La Normandie a été reprise <u>aux</u> Anglais en 1204 ...
Normandy was taken back <u>from</u> the English in 1204 ...

Les églises et les abbayes serviront <u>de</u> refuge pour protéger la population.
The churches and the abbeys were later to serve <u>as</u> a place of refuge to protect the population.

8

It occurs to us therefore that, as it's the prepositions that create most problems, no matter which language you're studying, we should devote some time to these troublesome little words. We think it will be more helpful if we look at some English prepositions and see how they can be translated into French:

1 About
When meaning 'approximately' = **environ**:

about 125,000 inhabitants   **environ 125 000 habitants**

When referring to the time of day = **vers**:

The train will arrive at Caen at about 6 pm.
Le train arrivera à Caen vers 6 heures du soir.

In the sense of 'concerning' = **au sujet de**, **sur**:

I'd like to buy a book about Normandy.
Je voudrais acheter un livre sur la Normandie.

2 Beside
No problem here, always **à côté de**:

The underground car park is just beside the library.
Le parking souterrain est juste à côté de la bibliothèque.

Don't confuse 'beside' with:
besides = **en plus de**:

Besides the abbey, we have visited the cathedral and three churches.
En plus de l'abbaye, nous avons visité la cathédrale et trois églises.

8

3 By

Normally **par**, but when it means 'to the extent of' = **de**:

By how much have the prices increased?
De combien les prix ont-ils augmenté?

When 'by' is used to measure something = **à**

We only sell this wine by the bottle.
Nous ne vendons ce vin qu'à la bouteille.

When meaning 'near' = **près de**:

We spend our holidays by the sea.
Nous passons nos vacances près de (or au bord de) la mer.

Note also:

I know him by sight.
Je le connais de vue.
We know them by reputation.
Nous les connaissons de réputation.

4 For

Pour, of course, but when it means 'during' and refers to the past, 'for' = **pendant**:

She walked for two hours through the pedestrianised streets of the antiques quarter.
Elle s'est promenée pendant deux heures dans les rues piétonnes du quartier des antiquaires[1].

[1](m/f) antiques dealer

It is possible to omit **pendant** in the above sentence.

When the action is still continuing in the present, 'for' = **depuis**.

8

We've been waiting here for an hour.
Nous attendons ici depuis une heure

5 From
Notice how the French use various prepositions to
express the English 'from' in the following sentences:

I took the passport from the suitcase.
J'ai pris le passeport <u>dans</u> la valise.
We'll take the invoices from your desk.
Nous prendrons les factures <u>sur</u> votre bureau.
Take the 20 euro note from under the pile of magazines.
**Prenez le billet de 20 euros <u>sous</u> la pile de
magazines.**

Learn also that 'to take' (**prendre**), 'to borrow'
(**emprunter**), 'to steal' (**voler**), 'to buy' (**acheter**),
'to hide' (**cacher**) something <u>from</u> someone is
translated by **à:**

They borrowed a thousand francs from their parents.
Ils ont emprunté mille francs à leurs parents.
She hid the bad news from her mother.
Elle a caché la mauvaise nouvelle à sa mère.

59 THE FUTURE TENSE

There were a number of future tenses in the main text
which, perhaps surprisingly, referred to the past. This use
of the future expresses what was to happen later:

**Caen prendra de l'expansion et deviendra un
centre commercial et industriel.**
Caen was later to expand and to become a trade and
industrial centre.

Another point to note about the future is that it
sometimes implies probability, for example:

8

Quelqu'un frappe à la porte.
Someone's knocking at the door.
– Oui, ce sera ma belle-sœur.
– Yes, it's probably my sister-in-law.

Votre beau-frère n'est pas encore arrivé.
Your brother-in-law hasn't arrived yet.
– Non, il aura été retardé dans un embouteillage.
– No, he's probably been delayed in a traffic jam.

60 THE PAST HISTORIC TENSE

Examples from the text:
L'Abbaye fut commencée …

Did you recognise **fut** ('was') as the past historic of **être**? (See *Hugo French in Three Months*, sections 78, 79.)

The past historic refers to a completed action but has disappeared from the spoken language. It is usually found in formal written narrative texts.

However an expression with **fut** has been retained in spoken French:
Il fut un temps où … There was a time when …

61 PRONUNCIATION (PART 1)

8

We have assumed throughout this course that your pronunciation of French is fairly good and, for this reason, we haven't referred to this important subject until now. We do feel, however, that there's no point in having a large vocabulary and an extensive knowledge of grammar if, when you speak French, you're sometimes not immediately understood, simply because you're mispronouncing certain words. We propose now, and in the next lesson, to look more closely at those difficult sounds and those unexpected pronunciations that could result in a misunderstanding.

We know from experience that it's often the <u>nasal sounds</u> which create the most problems.

To begin with, we hope that you're distinguishing clearly between **Caen** and **Cannes** – two very different sounds (and places!); **Caen** rhymes with **dans** (nasal sound) and **Cannes** with **Anne** (no nasal sound).

You'll remember that there are four nasal sounds in all. They are all found in this sentence: **Un bon vin blanc.**

One thing is certain: if you confuse these nasal sounds, there will be total bewilderment on the part of your audience. Just compare the following for a moment:

bon	(good)	**bain**	(bath)	**banc**	(bench)
don	(gift)	**daim**	(suede)	**dent**	(tooth)
long	(long)	**lin**	(linen)	**lent**	(slow)
mon	(my)	**main**	(hand)	**ment**	(lies)
son	(sound)	**sain**	(healthy)	**sang**	(blood)
ton	(tone)	**teint**	(complexion)	**temps**	(time)
vont	(they go)	**vin**	(wine)	**vent**	(wind)

Here are five words, taken from this lesson's text, which include several nasal sounds, all perfectly straightforward:

envir<u>on</u> <u>in</u>ten<u>tion</u> <u>im</u>pos<u>ant</u> exp<u>an</u>si<u>on</u> c<u>on</u>tinu<u>ant</u>

But there are some unexpected pronunciations! Study the following: The 'en' in the words **examen** (examination), **agenda** (diary), **consensus** (consensus) and **benjamin** (youngest son) sounds like the 'in' in **vin**.

You must also make sure that you differentiate between the sound 'u' in **vu** and 'ou' in **vous**. Remember that you can produce a perfect 'u' by rounding your lips and saying 'ee'. Compare:

bu	(drunk)	**boue**	(mud)
jus	(juice)	**joue**	(cheek; plays)
lu	(read)	**loue**	(hires)

8

pu	(been able)	**pouls**	(pulse)
rue	(street)	**roue**	(wheel)
sur	(on)	**sourd**	(deaf)
tu	(you)	**toux**	(cough)

Note also that the last syllable of the words **démocratie** and **diplomatie** (i.e. **-tie**) is pronounced like **si**; the same 'ss' sound appears in **potentiel** and **consortium**.

Finally, remember that the 't' in **granit** is sounded, as it is in **déficit** and **dot** (dowry) and that the 'f' in **chef-d'œuvre** (masterpiece) is silent.

Exercise 41

Are the following sentences **vrai ou faux**? If **faux**, correct the statement. Study the following new words: **le parent (-e, f.)** relative; **l'isolement (m.)** isolation; **la truite** trout.

1 Le dynamisme de la ville de Caen est en régression à cause de son isolement géographique.

2 Caen est parfois appelée 'la ville sans clochers'.

3 La construction du château et la fondation des deux abbatiales datent du 11ème siècle.

4 Guillaume fit édifier l'Abbaye-aux-Hommes à l'intention des moines bénédictins pour se faire pardonner par Rome d'avoir épousé une vague parente en la personne de Mathilde, princesse de Flandres.

5 Au cours des siècles, l'Abbaye-aux-Hommes a servi successivement de lycée et de motel.

6 Le corps de la Reine Mathilde repose dans le chœur de l'abbatiale de la Trinité où on peut lire son épitaphe.

7 La Normandie fut libérée des Anglais en 1415 par le Roi Charles VII à la bataille de Formigny.

8 Les Alliés débarquèrent en Normandie le 6 juin 1944.

8

> **9** Il a fallu deux ans pour réaliser la construction du Mémorial, musée pour la paix, inauguré par le Président Mitterrand en 1988.
>
> **10** Caen est particulièrement connue pour ses richesses architecturales mais aussi pour la recette des tripes à la mode de Caen.

Exercise 42

Put the verbs in brackets into the correct form of the subjunctive. Study the following new words first:

le cimetière cemetery; **les horaires (m.)** times, schedule; **donner sur** lead on to, look over; **donner quartier libre** to allow to be free (for a few hours); **flâner** to stroll; **s'astreindre** (irreg.) to force oneself; **au fond** at the back.

La visite guidée

GUIDE   Premier arrêt! Durée 30 minutes. Eglise Saint-Pierre. Nous allons nous arrêter ici pour visiter l'Eglise Saint-Pierre. Je voudrais que vous (faire) attention à ne pas perdre le groupe de vue, et j'aimerais aussi que vous (s'astreindre) à respecter les horaires. Pour que vous (savoir) vous retrouver, je suggère que vous (sortir) par la porte au fond à droite qui donne sur la place Saint-Pierre. Vous aurez en même temps une superbe vue sur le clocher gothique.

TOURISTE Nous sommes désolés que vous ne (pouvoir) pas nous accorder un peu de temps libre pour flâner sur les remparts du château.

GUIDE   A condition que vous (être) revenus à sept heures précises devant l'Université, juste au pied de la sculpture du Phénix, je vous donne quartier libre maintenant.

8

Plus tard …

GUIDE Alors, comment avez-vous trouvé le Musée de Normandie? Je suis ravi que vous (avoir) apprécié les collections d'objets anciens qui illustrent les traditions populaires normandes. Demain, pour le circuit des plages du Débarquement, départ à huit heures, l'excursion sera très longue: nous visiterons Arromanches, le cimetière américain de Saint-Laurent, Utah Beach … et j'ai bien peur qu'on ne (revenir) de nuit.

TOURISTE C'est normal, après tout, c'était 'le jour le plus long'!*

* This is a reference to the American film *The Longest Day* which tells the story of the Normandy landings.

Exercise 43

Pronunciation: How sharp is your ear? If you have the audio course, listen to the CD and see if you can hear in what order the following words are being spoken.

1 bon	bain	banc
2 mon	main	ment
3 ton	teint	temps
4 jus	joue	
5 rue	roue	
6 tu	toux	
7 son	sain	sang
8 pu	pouls	

8

Exercise 44

Take part in this conversation between a local French farmer and a British tourist in Normandy. But, first, study the following new words:

le lien link; **le trajet** trip; **le différend** difference, quarrel; **les témoignages (m.)** evidence; **l'étape (f.)** stop; **se régaler** to have a delicious meal; **dépeindre** (irreg.) to depict; **faire** (irreg.) **du cyclotourisme** to be on a cycling holiday.

FERMIER   Bonjour, Madame, vous cherchez quelque chose?

TOURISTE   Yes, we've lost our way, as usual. We've just got off the ferry at Ouistreham, near Caen. Actually, we're on a cycling holiday.

FERMIER   Quel courage! La Normandie à bicyclette. Vous découvrirez ainsi tous les sites cachés ... et les coutumes locales de la population. Mais pourquoi la Normandie?

TOURISTE   Well, there are of course our historical links, and in spite of our occasional differences, France remains our closest neighbour, especially for a cyclist.

FERMIER   C'est vrai que vous retrouverez partout en Normandie des témoignages, des liens et des différences qui ont existé entre les deux pays au cours des siècles. En plus, la France est très facile d'accès pour les touristes anglais ... Vous connaissez déjà le pays?

TOURISTE   Yes, we were in the Caen region last year. We visited the two Abbeys, the Museum of Fine Arts and the beaches where the Normandy landings took place sixty years ago.

FERMIER   Et maintenant vous prenez la route pour Bayeux? C'est à environ trente kilomètres d'ici.

TOURISTE   Yes, we want to visit Queen Matilda's Tapestry at Bayeux which depicts the

8

Norman Conquest. Everyone says it's a superb masterpiece. We'll stay overnight and no doubt have a delicious meal in a restaurant.

FERMIER Je comprends. Vous aurez certainement besoin d'énergie pour le reste du trajet. Quelles sont les autres étapes que vous avez prévues?

TOURISTE The first stop will be in Coutances. We hope to arrive on time to attend a concert in the cathedral and walk through the illuminated Jardin Public.

FERMIER Demain c'est jour de marché à Coutances. Si ça vous intéresse, vous pourrez déguster les produits de la région. Je pense au fromage 'le Coutances', par exemple.

TOURISTE Yes, excellent idea. Later, we'll be following the coast down to Granville where we're meeting up with some friends who are arriving from Jersey.

FERMIER Ah, oui. Granville, la 'Venise du Nord', comme on l'appelle modestement dans la région. Par temps clair vous pouvez faire signe à vos compatriotes, sur les côtes jersiaises ... Et votre destination finale, c'est où?

TOURISTE Probably Mont Saint-Michel, if the wind blows in the right direction! We were hoping to see the Abbey surrounded by water, but I understand that only happens on days of high tide.

FERMIER C'est exact, mais c'est de plus en plus rare. En attendant cette 'marée du siècle', vous aurez certainement le temps de découvrir les mystères de l'Abbaye et de devenir spécialistes de la gastronomie normande ... Allez, au revoir et bonne route!

8

Exercise 45

For the more adventurous among you, here's a recipe for the famous French dish **tripes à la mode de Caen**. With the help of your dictionary, give the English version of the ingredients and then translate:

1 arroser avec 2 verres à liqueur de calvados

2 une cocotte en fonte

3 commencer la cuisson sur le feu jusqu'à ébullition

4 souder les bords du couvercle avec une pâte

Here's the complete recipe:

TRIPES À LA MODE DE CAEN

Pour six personnes
1 kg de gras-double
2 pieds de veau
100 g de couennes
un peu de moelle
4 carottes
oignons piqués de clous de girofle
bouquet garni: thym, laurier, persil, estragon
ail, poivre en grains
un blanc de poireau
1 litre de cidre brut
2 verres à liqueur de calvados

Dans une tripière ou une cocotte en fonte mettre les couennes de porc et les pieds de veau coupés en morceaux, les carottes en rondelles minces, les oignons, le blanc de poireau et le bouquet garni. Ajouter ensuite les tripes en couches légèrement salées et la moelle de bœuf en petites rondelles, arroser de calvados et flamber puis recouvrir de cidre. Terminer en ajoutant quelques couennes de porc.

Commencer la cuisson sur le feu jusqu'à ébullition, souder les bords du couvercle avec une pâte faite de farine et d'eau. Mettre au four pendant 10 heures à feu doux. Servir très chaud après avoir enlevé les os des pieds de veau ainsi que le bouquet garni.

Les tripes se servent accompagnées de cidre sec ou brut.

8

Lesson 9

You will learn about:
The political system of the French Fifth Republic

The language points covered include:
- *more on the use of the subjunctive*
- *prepositions (continued)*
- *gender of French nouns*
- *some finer points of pronunciation*

INTRODUCTION

La Ve République

La Ve République fondée en 1958 met fin à l'instabilité de la IVe République et évolue vers un régime présidentiel.

L'Exécutif
Le Président, chef de l'Etat, est élu au suffrage universel direct pour un mandat de cinq ans renouvelable. (Le quinquennat a été substitué au septennat en l'an 2000.)
    Les fonctions principales du Président sont les suivantes:
- **il veille au respect de la Constitution**
- **il nomme le Premier ministre**
- **il préside le Conseil des ministres**
- **il promulgue les lois**
- **il signe les ordonnances**
- **il peut aussi consulter les électeurs par référendum**
- **il peut dissoudre l'Assemblée nationale**
- **il peut prendre les pleins pouvoirs en cas de nécessité.**
    Le Palais de l'Elysée est sa résidence officielle. Le gouvernement est formé du Premier ministre, des ministres et secrétaires d'Etat. Il détermine et conduit la politique de la nation; il est responsable devant l'Assemblée nationale. Le Premier ministre siège à Matignon.

9

Le Législatif

Le Parlement vote la loi dans les domaines énumérés par la Constitution. Le Parlement se compose de deux assemblées: l'Assemblée nationale et le Sénat. L'Assemblée nationale comprend 577 députés élus pour cinq ans au suffrage universel direct. Ils siègent au Palais Bourbon.

Le Sénat est composé de sénateurs élus au suffrage universel indirect pour neuf ans (renouvelables tous les trois ans). Le Sénat est une chambre de réflexion du point de vue législatif. Les sénateurs siègent au Palais du Luxembourg.

Les Présidents de la Ve République

Charles de Gaulle	1958–1965
	1965–1969
Georges Pompidou	1969–1974
Valéry Giscard d'Estaing	1974–1981
François Mitterrand	1981–1988 (1986–1988: première cohabitation) un Président de gauche et un Premier ministre de droite
	1988–1995 (1993–1995 seconde cohabitation)
Jacques Chirac	1995–2002 (1997–2002 troisième cohabitation) un Président de droite et un Premier ministre de gauche.

TEXT

Caractéristiques de l'élection présidentielle de 2002

9

1   Le nombre de candidatures pour cette élection était nettement supérieur (16) à celui des élections précédentes. La campagne électorale n'avait pas de programme particulier, à part le thème de l'insécurité, et elle n'a pas mobilisé l'électorat.

On s'attendait à voir les deux mêmes candidats s'affronter au deuxième tour. On pouvait penser que les dés étaient jetés et que le premier tour allait compter pour du beurre. Les résultats du premier tour de scrutin ont provoqué une énorme surprise, un choc ou même un séisme politique.

RÉSULTATS
Jacques Chirac   19,88% des suffrages exprimés
J.-M. Le Pen   16,86%
Lionel Jospin   16,18%

On a constaté un taux record d'abstentionistes (29%). En effet les Français ont été déçus par la politique de cohabitation, les problèmes d'insécurité, etc.

Il est aussi possible que ce contexte d'inquiétude ait été favorable à l'extrême droite. Pour la première fois on a vu un candidat d'extrême droite participer au second tour des élections. La gauche était de ce fait éliminée du second tour.

2 La mobilisation politique s'est organisée à travers tout le pays durant les deux semaines qui allaient suivre. La nation devait réagir pour arrêter le candidat du Front national. Les jeunes sont descendus dans la rue et ont manifesté contre Le Pen et pour la défense de la République. Les dirigeants de gauche ont encouragé leurs adhérents à voter pour la droite. La France s'est rassemblée autour du Président Chirac.

DEUXIÈME TOUR DE SCRUTIN
La France a voté en masse. Le taux d'abstention est tombé à 19%. C'est le raz-de-marée Chirac. Le Président sortant est réélu avec 82,22% des suffrages exprimés contre 17,78% pour Le Pen. C'est le seul président qui ait réussi à obtenir un pourcentage aussi élevé. De Gaulle en 1965 avait eu 55% des voix. C'est aussi le premier président qui puisse dire qu'il a été élu autant par ses adversaires que par ses partisans.

9

3 Les élections législatives auront lieu le 9 et 16 juin.

RÉSULTAT FINAL
La droite obtiendra 399 sièges à l'Assemblée nationale, la gauche 178 et le Front national aucun. Le taux d'abstention sera de 39%.
C'est la fin de la période de cohabitation.
Partis politiques représentés à l'Assemblée nationale:

La gauche		*La droite*	
PC	Parti communiste	UDF	Union pour la démocratie française
PS	Parti socialiste	DL	Démocratie libérale
PRG	Parti radical de gauche	UMP	Union pour la majorité présidentielle
	Verts	RPF	le Rassemblement pour la France
	Divers gauche	MPF	Mouvement pour la France
			Divers droite

VOCABULARY / TRANSLATION NOTES

1 **A part** except for; **l'électorat (m.)** voters; **s'attendre à** expect; **s'affronter** to confront each other; **le deuxième tour** second ballot; **les dés sont jetés** the die is cast; **compter pour du beurre** count for nothing; **le séisme** upheaval; **constater** notice; **le taux** rate/percentage; **les abstentionistes (m./f.)** those who abstain; **decevoir** (irreg.) disappoint.

2 **à travers** throughout; **manifester** demonstrate; **se rassembler** to gather; **le raz-de-marée** landslide victory.

3 **les élections législatives** general election; **avoir lieu** take place; **le siège** seat.

9

62 THE SUBJUNCTIVE (PART 2)

In this lesson's texts there were four examples of the subjunctive and we continue now to discuss its use.

1 You'll remember that it's employed after impersonal expressions that suggest possibility or uncertainty:

Il est possible que ...
Il est important que ...
Il est juste que ...
Il vaut mieux que ...
Il faut que ...
Il suffit que ...

Example:
Il est important que les dirigeants politiques soient capables de répondre aux questions.

2 Compare now the following two sentences; the first is a statement of fact, the second contains an element of doubt:

Le syndicaliste[1] connaît quelqu'un qui peut empêcher l'échec[2] des pourparlers[3].

Le syndicaliste cherche quelqu'un qui puisse empêcher l'échec des pourparlers.

[1]trade unionist [2]breakdown [3]negotiations

In sentence two, the person capable of preventing the breakdown of negotiations may not even exist so, clearly, there is some uncertainty and hence we use the subjunctive form **puisse**.

3 Don't forget that we normally employ the subjunctive after **le premier, le dernier, le seul**, and a superlative:

C'est le seul candidat qui ait obtenu un pourcentage de votes aussi élevé.
C'est le traducteur[1] le plus compétent que je connaisse.

[1]translator

9

There is, however, an important exception to the above rule, namely, **la première/dernière/seule/ fois**; after these expressions we use the indicative:

La première fois que j'ai participé à une émission télévisée en direct[1], j'avais la tremblote[2] (fam.).

[1]live [2]the jitters

4 The subjunctive occurs after a negative:

Nous ne connaissons personne qui soit capable d'unifier notre parti aussi bien que lui.

Ils n'ont rien fait qui puisse nuire[1] à la réputation du ministre des Affaires étrangères.

[1]to damage

5 Learn the expression **quel (quelle**, etc.) **que soit** (whatever … may be):

Quelles que soient ses qualités, il faut avouer[1] qu'elle n'est pas très télégénique[2].

[1]to admit [2]looks good on TV

6 In a conditional sentence, you can avoid the repetition of **si** by using **que** + subjunctive:

Si vous êtes ambitieux et que vous avez du piston[1], vous pourrez grimper[2] les échelons de la politique à une vitesse vertigineuse[3].

[1]friends in the right places [2]to climb [3]dizzy

7 There are a number of fixed expressions containing a subjunctive; you'll often hear the following:

advienne que pourra	come what may
pas que je sache	not to my knowledge
autant que je sache	as far as I know
soit (sound the 't')	so be it

We continue to look at the various ways in which English prepositions are expressed in French:

1 In
Note the difference between **dans** and **en** in:

Je ferai le tour de votre région dans trois jours.
Je ferai le tour de votre région en trois jours.

The first sentence means that the tour will take place in three days' time from now; the second sentence means that the tour will last three days.

Remember that, when dealing with a feminine country, 'in' (or 'to') is translated by **en**:

en Irlande   en Chine   en Thaïlande

But a masculine country takes **au**:

au Mexique   au Chili   au Brésil

When expressing manner, 'in' = **de**:

de la même façon
d'une manière intéressante
d'un ton aggressif
d'une voix triste

2 On
'On' is often not translated in French:

Les élections législatives ont eu lieu le dimanche 16 juin.
La veille[1] de son départ le candidat a prononcé un discours sur le chômage, et l'insécurité.

[1]on the eve

9

'On' is sometimes expressed as **à**:

à cette occasion à mon arrivée à notre retour

3 Through
When 'through' means 'from one side to the other' it is translated by **à travers**:

Le ministre des Finances s'est frayé un chemin à travers la foule[1].

[1]forced his way through the crowd

When 'through' means 'by way of', use **par**:

Nous avons appris la nouvelle du remaniement ministériel[1] **par les journaux.**

[1]the news of the cabinet reshuffle

In the meaning of 'as a result of', 'through' = **par suite de**:

Par suite de sa négligence, nous nous attendons[1] **à un désastre électoral.**

[1]we're expecting

In connection with trains, 'through' = **direct**:

un train direct

4 With
Normally, of course, 'with' = **avec**, but when 'with' is linked to a phrase describing a characteristic, the French use **à**:

le diplomate au teint[1] **pâle et aux cheveux bruns**
[1]complexion

If 'with' means 'among', use **chez**:

Chez les Français la situation est très différente.

After some verbs and adjectives, 'with' is translated by **de**:

couvrir de	to cover with
entourer de	to surround with
menacer de	to threaten with
remplir de	to fill with
se contenter de	to make do with
en avoir marre de (fam.)	to be fed up with
content de	pleased with
mécontent de	displeased with
satisfait de	satisfied with
heureux de	happy with
fou, folle (f) de	mad with
ivre de	drunk with
ravi de	delighted with

When 'with' means 'on one's person', use **sur**:

Le dirigeant[1] du parti n'avait pas sur lui les détails du débat télévisé.

[1]leader

64 GENDER

How many times have you asked yourself: is this noun masculine or feminine? As the gender of a noun determines the form of the accompanying adjective or past participle, it's essential to come up with the right answer. This is why we've always indicated the gender of the nouns in the Translation Notes.

We're going to spend a little time now discussing the question of gender and, hopefully, clarify a few points. You'll also find a complete guide to French genders in Appendix 3 (pages 199–201).

1 The following words are always <u>masculine</u>, irrespective of whether they refer to men or women:

9

ange (angel)	**auteur**	**docteur***	**écrivain**
juge	**médecin**	**peintre**	**philosophe**
poète	**professeur***	**témoin** (witness)	

* Note, however, that you can speak of **la prof** (fam.)
and you do hear **la doctoresse**.

2 The following nouns are always <u>feminine</u>, irrespective
of sex:

connaissance (acquaintance)	**personne**
sentinelle (sentry)	**vedette** (star)
victime	

Examples:
**Sa femme est un ange et lui, apparemment, une
personne détestable.**

3 Some nouns, often referring to professions, can be
either <u>masculine</u> or <u>feminine</u>:

artiste	**astronaute**	**économiste**
journaliste	**libraire** (bookseller)	**vétérinaire**
gynécologue	**comptable** (accountant)	

4 Certain nouns can be <u>masculine</u> or <u>feminine</u>,
depending on meaning:

le livre (book)	**la livre** (pound)
le manche (handle, fam.: idiot)	**la manche** (sleeve, note also **faire la manche** = to beg) **la Manche** (the Channel)
le mémoire (short thesis)	**la mémoire** (memory)
le mode (way)	**la mode** (fashion)
le poste (job, radio/ TV set, police station)	**la poste** (post office)
le somme (snooze)	**la somme** (sum)
le tour (walk, trick, tour, turn)	**la tour** (tower, high-rise block)

9

Examples:
le manche à balai (broom handle)
se débrouiller comme un manche (fam.
) (to go about things foolishly)
traverser la Manche à la nage (to swim across the Channel)
le mode d'emploi (directions for use)
la mode cette année
le poste de professeur
le cachet de la poste faisant foi (the postmark is proof)
faire un somme
une somme d'argent
jouer un sale tour (a dirty trick)
dans la tour où j'habite il y a trente étages

65 PRONUNCIATION (PART 2)

In this section we continue to discuss the finer points of French pronunciation. Study the following:

1 Elision of the unaccented 'e'

In normal speech, French people frequently omit an unaccented 'e', for example:

Je n(e) sais pas à quelle heure le ministre all(e)mand est rev(e)nu hier soir à l'hôtel.

Avez-vous ach(e)té un p(e)tit souv(e)nir pour la femme du maire?

2 Miscellaneous irregularities in pronunciation:

a) Remember that some forms of the verb **faire** have an unexpected pronunciation inasmuch as the 'ai' sounds like the 'e' in **le**:

nous faisons, je faisais, tu faisais, il faisait, etc. (i.e. the entire imperfect), **faisable** (practicable)

b) Don't forget to pronounce 'gn' like the 'ni' in 'union'.

9

Examples from the text are:

ignorance digne dignité

Other examples:
signal champagne Boulogne

BUT, in the following words, the 'g' and 'n' are sounded separately (as in the English 'stagnate'):

gnome magnat magnum stagnation

c) Note also that in the combination 'pn-' and 'ps-', contrary to English usage, the 'p' is pronounced:

pneu (tyre) **pneumonie psychologie**

3 Liaison
Many students have the impression that they should link French words together whenever possible. This is quite wrong, as too many liaisons sound very formal and artificial. We can, in fact, divide the question of liaison into three categories:

a) Compulsory liaison
EVERY French person will say:

les‿écologistes
mes‿ambitions politiques
un grand‿homme politique
deux‿anarchistes

Vous‿êtes déçu(s) par la politique du Parti X.
Les partis de la droite sont‿arrivés
   à un‿accord.
Mes choix? Je les‿ai déjà indiqués.
Ils/elles‿envisagent de voter pour...

That's to say, we normally make the liaison after articles, possessive adjectives, adjectives, numbers, subject/object pronouns + verb, and to distinguish

9

between such forms as **il envisage** and **ils envisagent**.

b) Impossible liaison
NO French person ever makes the liaison after **et** (and) and before an aspirated **h**.

Examples:
Le candidat a toutes les qualités requises et | il a aussi l'envergure[1] nécessaire.

Ce sont les | héros du Parti.

[1](great) ability | indicates pause (no liaison)

An aspirated 'h' is an h that begins a word before which neither liaison nor elision can occur. So, in addition to saying **les | héros**, we also say **le | héros**. Other similar nouns that you should learn are:

le hall	**la haine** (hatred)
le handicap	**la Hollande**
le hareng (herring)	**la hausse** (increase)
le hasard (chance)	**haut** (high)
le homard (lobster)	

Surprisingly, we refer to **le héros**, but we say **l'héroïne**.

It's quite important to bear the above points in mind, otherwise there can be confusion. If, for example, you made the liaison in **mon père et‿un imbécile**, it would sound like **mon père est un imbécile**. Likewise, if during a formal speech you spoke of two people as **les deux‿héros**, this would sound exactly like **les deux zéros** and would mean 'the two dunces'!

c) Optional liaison
SOME French people might say:

Ils n'ont pas‿encore publié leur manifeste.

L'ancien Premier ministre pourrait‿être élu Président de la République.

9

Nous n'avons jamais été contre le quinquennat.

Je peux être un député efficace pour notre circonscription.

You'll have seen then that liaison is, to a great extent, a matter of taste. It must never be forced or artificial and it must never result in an unpleasant or unnatural combination of sounds.

66 POLITICAL HEADLINES

Here are some of the headlines (**les gros titres**) that appeared in newspapers after the 2002 French General Elections, but study the following new words first:

le raz-de-marée	landslide victory
la défaite	defeat
le désarroi	distress, confusion
la déroute	crushing defeat
la gifle	slap in the face

1 **RAZ-DE-MAREE DE LA DROITE**

2 **LA DEROUTE DU PCF**

3 **LA GAUCHE: DESARROI ET COLERE**

4 **LA GIFLE DU NON-VOTE**

Note: accents on capital letters are optional.

Exercise 46

Now that you are more confident, try this open-ended exercise. You need to find another way of expressing the meaning of the four headlines given in section 66. You may require your dictionary.

Exercise 47

Put the verbs in brackets into the subjunctive, but first study the following new words:

faire reculer reduce; **essuyer un échec** to suffer a setback.

1 Dans son programme électoral, le candidat du parti socialiste insiste sur trois points. Il est essentiel:
que l'on (faire) reculer le chômage.
que l'on (combattre) le terrorisme.
que l'on (construire) une société plus équitable.

2 Je doute que le parti du Front national (pouvoir) obtenir plus de voix au second tour.

3 Le Président Jacques Chirac est le seul candidat qui (avoir) obtenu un taux de 82% à l'élection présidentielle.

4 Il aurait fallu que l'électorat français (aller) voter en masse au premier tour. D'un autre côté, il est possible que l'échec essuyé par les socialistes (être) dû au système de la cohabitation.

5 Bien que le FN (vouloir) diriger le pays, je ne crois pas qu'il (obtenir) suffisamment de voix au second tour.

9

Exercise 48

React to the following statements, replacing the underlined words/expressions with a suitable alternative from section 64 (4). You play the part of B.

Here's an example:

A On lui a <u>fait une mauvaise plaisanterie</u> en lui coupant le courant de son micro juste au moment où il allait s'adresser au public.

B Oh là là là! On lui a vraiment joué un sale tour.

And now it's your turn, but first study the following new words:

le courant power; **le commissariat (de police)** police station; **le bain de foule** walkabout; **le livret** booklet; **la fiche d'inscription** enrolment form; **la mendicité** begging; **égarer** to mislay; **sur le bout de la langue** on the tip of one's tongue.

1 A Il faut absolument qu'il soumette <u>sa dissertation</u> avant de pouvoir poser sa candidature.

B Mais quelle est la date à laquelle il doit soumettre ...

2 A Comme d'habitude, j'ai égaré <u>le petit livret qui m'indiquait</u> comment changer la cassette de mon ordinateur.

B Quoi! Tu as perdu ...

3 A Après les manifestations qui ont eu lieu à cause des accords du GATT, certains agriculteurs se sont retrouvés au <u>commissariat</u>.

B Est-ce qu'ils ont vraiment passé la nuit ...?

4 A <u>Ces monuments se trouvent en France, en Angleterre, en Italie</u>, sont tous les trois célèbres et ont quelque chose en commun. Qu'est-ce que c'est?

B C'est ...

5 A Il est jeune, bien habillé, son chien est superbe et pourtant il paraît qu'il <u>vit de mendicité</u>.

B Oui, je le connais, celui qui ... sur la place du marché.

9

6 A Les discours sur les places publiques, les bains de foule sont très <u>en vogue</u> chez certains hommes politiques.

B C'est un moyen de montrer qu'ils sont proches du public. C'est très …

7 A Les électeurs avaient placé leurs espoirs dans leur nouveau député, mais à la première difficulté il <u>s'est montré incapable</u>.

B En d'autres termes, il …

8 A Les hommes politiques ambitieux ont tendance à faire bien des promesses, mais ils <u>les oublient rapidement</u>.

B Oui, ils sont comme moi, ils …

9 A Vous avez malheureusement envoyé votre fiche d'inscription un jour trop tard, <u>la date imprimée sur le timbre en est la preuve</u>.

B Zut alors! Vous appliquez donc le règlement à la lettre: le …

Exercise 49

The following is a political discussion between two teenagers – one French, one British. Play the part of Tom but, first, learn these new words:

le jour des élections polling day; **le taux de participation électorale** turnout at the polls; **le bulletin de vote** ballot paper; **le ballottage** failure to gain an absolute majority (and so a second ballot becomes necessary); **le deuxième tour de scrutin** second ballot; **l'urne (f.)** ballot box; **au pouvoir** in power; **les dés sont jetés** the die is cast; **élire** (like **lire**) to elect; **soutenir** (like **tenir**) to support.

ALAIN **Enfin, j'ai dix-huit ans: l'âge du droit de vote, de la majorité et, sans doute, de la liberté.**

TOM Well, I'm twenty, and I can tell you that when I was eighteen it was no big deal.

9

ALAIN **Comment ça, qu'est-ce que tu veux dire?**

TOM I may be of age but I'm certainly not free to do what I want. In fact, without money, you can't be free. As to my right to vote, I haven't yet had an opportunity to put a single ballot paper in the box.

ALAIN **C'est possible, mais en France ce ne sont pas les occasions de voter qui manquent avec le système de scrutin à deux tours. Je me demande même si les électeurs ne finissent pas par en avoir marre de sacrifier leur dimanche.**

TOM Sunday? Are you saying that in France polling day is always on a Sunday? But doesn't that have a negative effect on the turnout?

ALAIN **Ça peut arriver surtout si les dés sont déjà jetés.**

TOM What do you mean by the 'second ballot'? Do the French vote twice? On two different Sundays?

ALAIN **Oui, ça peut être le cas. Prenons, par exemple, les présidentielles. Le Président est élu au suffrage universel direct et les élections peuvent se faire en deux tours.**

TOM Could you briefly explain how the French Presidential Election works?

ALAIN **Oui, bien sûr. Par exemple, moi je voterai au premier tour pour mon candidat favori, mais s'il n'y a pas de majorité absolue, il y aura ballottage.**

TOM What happens next?

ALAIN **Au deuxième tour, je serai obligé de choisir entre les deux candidats qui arrivent en tête et celui qui recevra le plus de voix sera élu pour cinq ans.**

TOM When do you think you'll be able to vote for the first time?

ALAIN **Je ne sais pas exactement mais je serai certainement prêt pour les prochaines présidentielles.**

TOM And what exactly do you need to do as a new member of the French electorate?

9

ALAIN **Ce qu'il faut que je fasse? Il faut que je m'inscrive sur une liste électorale avant le 31 décembre, et à supposer que je ne commette aucun crime grave d'ici là et que je ne devienne pas 'fou furieux', je pourrai voter en bon citoyen.**

TOM Naturally, I'm not going to ask you what political party you support as that would be somewhat indiscreet, but can I ask you if you are a close observer of the political scene in France?

ALAIN **Oui, je participe même très activement aux campagnes électorales. Je ne te cache pas que je soutiens les écologistes, mais je dois admettre qu'en ce moment, quel que soit le parti au pouvoir, personne ne semble capable de résoudre les problèmes économiques et sociaux actuels.**

Exercise 50

Exercez-vous à prononcer les sigles des différents partis politiques représentés à l'Assemblée nationale: PC, PS, PRG, UDF, DL, UMP, RPF, MPF.

Ecoutez l'enregistrement pour vérifier votre prononciation.

Self-assessment Test 2

The following test is based on lessons 6–9. Deduct one mark for every mistake. All answers and score assessments are in the Key.

A Translate:

1 From the first of January 300 million Europeans will use the same currency.

2 In a few days' time all the countries of the euro zone will share the euro.

3 You can exchange your francs until the end of the month at the latest.

4 In the coming years there will be more countries in the euro zone.

(Total: 12 marks)

B Put the verbs in brackets in the future or conditional:

1 Si l'Europe s'élargit, le vote à la majorité (devenir) plus difficile.

2 Quand je (être) en France, j'en profiterai pour acheter du vin.

3 Dès que tu arriveras à Paris, nous (aller) au Quartier Latin.

4 S'il n'y avait pas le barrage des langues, l'Europe (pouvoir) progresser plus rapidement dans ses négociations.

(Total: 12 marks)

C Complete the following, using the name of an animal:

1 Etre jaloux comme …

2 Il ne faut pas vendre la peau de … avant de l'avoir tué.

3 Il fait un temps de … .

4 Avoir une faim de … .

(Total: 8 marks)

D Put the verbs in brackets into the past participle:

1 Quelles économies avez-vous (faire) ce mois-ci?

2 Cette étude qui indique que le consommateur des années 90 est devenu une fourmi, tu l'as (lire)?

3 Les vins que vous nous avez (offrir) étaient délicieux.

4 Les chaussures de sport que j'ai (choisir), je les ai (acheter) sur un coup de cœur.

5 La diminution du pouvoir d'achat que nous avons (connaître) est inquiétante.

(Total: 10 marks)

E What are you like with money? Choose one of the following and translate:

1 I'm penniless.

2 I've difficulty in making ends meet.

3 I'm stingy (fam).

4 I'm rolling in money.

(Total: 8 marks)

F Put the verbs in brackets into the subjunctive:

1 Je voudrais que vous (faire) la réservation aujourd'hui.

2 Il est dommage que la ville de Caen (être) détruite par les bombardements de la Deuxième Guerre mondiale.

3 A condition que le menu (comprendre) un kir royal, nous choisirons celui à 200 francs.

4 Nous mangerons plus tôt ce soir, afin que nos invités (pouvoir) assister au concert.

(Total: 8 marks)

9

G Complete the following:

1 Caen compte (about) 113 000 habitants.

2 Je voudrais acheter une brochure (about) le Mémorial.

3 (By how much) le pouvoir d'achat des Français a-t-il diminué?

4 Nous avons flâné dans les rues de Ouistreham (for an hour) avant de reprendre le ferry.

5 Le château est entouré (by) remparts.

(Total: 10 marks)

H Translate:

1 He is the only candidate who is determined to make a speech.

2 There is not a single politician who knows how to solve the problem of unemployment.

3 Whatever the results of these elections may be, the recession will continue for a few more years.

(Total: 12 marks)

I Role-play: Play the part of the British tourist in Normandy:

Bonjour Madame, vous cherchez quelque chose?

Yes, we're on a cycling holiday and we're lost. We're looking for the way to Bayeux.

Bayeux? Ce n'est pas loin d'ici, c'est à environ 28km. Suivez les pancartes, c'est bien indiqué. Vous irez sans doute voir la Tapisserie de la Reine Mathilde?

Yes, it's apparently a superb masterpiece illustrating the Norman Conquest. We also intend to stroll through the picturesque streets around the cathedral, because we are both interested in old buildings.

9

Quelle sera ensuite votre destination?

We'd like to go as far as Mont Saint-Michel and take the opportunity to sample some of the local specialities. By the way, can you tell us why there are so many people in the streets today?

Aujourd'hui, c'est jour des élections et les Français vont déposer leur bulletin dans l'urne à la mairie.

Oh, so you vote on Sundays in France? But doesn't that have a negative effect on the turnout, especially if the weather is nice, as it is today?

Oui, peut-être. Ça peut arriver.

Are you going to vote today?

Oui, je vais voter pour la première fois aujourd'hui, car je viens d'avoir 18 ans. Je me suis toujours intéressé aux affaires politiques.

I hope you won't be disappointed with the results of the elections. Many thanks for your help. It's getting late, we must continue our journey. Goodbye and thank you.

(Total: 20 marks)

9

Appendices

APPENDIX 1:
COMPLETE CONJUGATIONS OF THE REGULAR AND AUXILIARY VERBS

INFINITIVE
to speak **parler**	to sell **vendre**	to finish **finir**
to have **avoir**	to be **être**	

PRESENT PARTICIPLE
speaking **parlant**	selling **vendant**	finishing **finissant**
having **ayant**	being **étant**	

PAST PARTICIPLE
spoken **parlé**	sold **vendu**	finished **fini**
had **eu**	been **été**	

PRESENT INDICATIVE
I speak, etc.	I sell, etc.	I finish, etc.
je parle	**je vends**	**je finis**
tu parles	**tu vends**	**tu finis**
il parle	**il vend**	**il finit**
nous parlons	**nous vendons**	**nous finissons**
vous parlez	**vous vendez**	**vous finissez**
ils parlent	**ils vendent**	**ils finissent**

I have, etc.	I am, etc.
j'ai	**je suis**
tu as	**tu es**
il a	**il est**
nous avons	**nous sommes**
vous avez	**vous êtes**
ils ont	**ils sont**

FUTURE

I will speak	I will sell	I will finish
je parlerai	je vendrai	je finirai
tu parleras	tu vendras	tu finiras
il parlera	il vendra	il finira
nous parlerons	nous vendrons	nous finirons
vous parlerez	vous vendrez	vous finirez
ils parleront	ils vendront	ils finiront

I will have	I will be
j'aurai	je serai
tu auras	tu seras
il aura	il sera
nous aurons	nous serons
vous aurez	vous serez
ils auront	ils seront

CONDITIONAL

I would speak	I would sell	I would finish
je parlerais	je vendrais	je finirais
tu parlerais	tu vendrais	tu finirais
il parlerait	il vendrait	il finirait
nous parlerions	nous vendrions	nous finirions
vous parleriez	vous vendriez	vous finiriez
ils parleraient	ils vendraient	ils finiraient

I would have	I would be
j'aurais	je serais
tu aurais	tu serais
il aurait	il serait
nous aurions	nous serions
vous auriez	vous seriez
ils auraient	ils seraient

IMPERFECT

I was speaking/ used to speak	I was selling/ used to sell	I was finishing/ used to finish
je parlais	je vendais	je finissais
tu parlais	tu vendais	tu finissais
il parlait	il vendait	il finissait
nous parlions	nous vendions	nous finissions
vous parliez	vous vendiez	vous finissiez
ils parlaient	ils vendaient	il finissaient

I had/used to have	I was/used to be
j'avais	j'étais
tu avais	tu étais
il avait	il était
nous avions	nous étions
vous aviez	vous étiez
ils avaient	ils étaient

PAST HISTORIC

I spoke, etc.	I sold, etc.	I finished, etc.
je parlai	je vendis	je finis
tu parlas	tu vendis	tu finis
il parla	il vendit	il finit
nous parlâmes	nous vendîmes	nous finîmes
vous parlâtes	vous vendîtes	vous finîtes
ils parlèrent	ils vendirent	ils finirent

I had, etc.	I was, etc.
j'eus	je fus
tu eus	tu fus
il eut	il fut
nous eûmes	nous fûmes
vous eûtes	vous fûtes
ils eurent	ils furent

PRESENT SUBJUNCTIVE
(**que** is usually prefixed in conjugating the subjunctive)

je parle	**je vende**	**je finisse**
tu parles	**tu vendes**	**tu finissess**
il parle	**il vende**	**il finisse**
nous parlions	**nous vendions**	**nous finissions**
vous parliez	**vous vendiez**	**vous finissiez**
ils parlent	**ils vendent**	**ils finissent**

j'aie	**je sois**
tu aies	**tu sois**
il ait	**il soit**
nous ayons	**nous soyons**
vous ayez	**vous soyez**
ils aient	**ils soient**

IMPERATIVE

speak (fam.), **parle**	sell (fam.), **vends**	finish (fam.), **finis**
let him speak, **qu'il parle**	let him sell, **qu'il vende**	let him finish, **qu'il finisse**
let us speak, **parlons**	let us sell, **vendons**	let us finish, **finissons**
speak, **parlez**	sell, **vendez**	finish, **finissez**
let them speak, **qu'ils parlent**	let them sell, **qu'ils vendent**	let them finish, **qu'ils finissent**

have (fam.), **aie**	be (fam.), **sois**
let him have, **qu'il ait**	let him be, **qu'il soit**
let us have, **ayons**	let us be, **soyons**
have, **ayez**	be, **soyez**
let them have, **qu'ils aient**	let them be, **qu'ils soient**

APPENDIX 2: IRREGULAR VERBS

The following irregular verbs have been used in this book.
Note that not all forms of the verb are given.

	accroître (to increase)	accueillir (to welcome)	aller (to go)
Present			
je/j'	accrois	accueille	vais
tu	accrois	accueilles	vas
il/elle	accroît	accueille	va
nous	accroissons	accueillons	allons
vous	accroissez	accueillez	allez
ils/elles	accroissent	accueillent	vont
Perfect	j'ai accru	j'ai accueilli	je suis allé
Future	j'accroîtrai	j'accueillerai	j'irai
Subjunctive	j'accroisse	j'accueille	j'aille

	atteindre (to reach)	boire (to drink)	combattre (to fight)
Present			
je/j'	atteins	bois	combats
tu	atteins	bois	combats
il/elle	atteint	boit	combat
nous	atteignons	buvons	combattons
vous	atteignez	buvez	combattez
ils/elles	atteignent	boivent	combattent
Perfect	j'ai atteint	j'ai bu	j'ai combattu
Future	j'atteindrai	je boirai	je combattrai
Subjunctive	j'atteigne	je boive	je combatte

	conduire (to take, drive)	connaître (to know)	convaincre (to convince)
Present			
je	conduis	connais	convaincs
tu	conduis	connais	convaincs
il/elle	conduit	connaît	convainc
nous	conduisons	connaissons	convainquons
vous	conduisez	connaissez	convainquez
ils/elles	conduisent	connaissent	convainquent
Perfect	j'ai conduit	j'ai connu	j'ai convaincu
Future	je conduirai	je connaîtrai	je convaincrai
Subjunctive	je conduise	je connaisse	je convainque

	courir (to run)	craindre (to fear)	croire (to believe)
Present			
je	cours	crains	crois
tu	cours	crains	crois
il/elle	court	craint	croit
nous	courons	craignons	croyons
vous	courez	craignez	croyez
ils/elles	courent	craignent	croient
Perfect	j'ai couru	j'ai craint	j'ai cru
Future	je courrai	je craindrai	je croirai
Subjunctive	je coure	je craigne	je croie

	découvrir (to find out)	dépeindre (to depict)	devoir (to have, to owe)
Present			
je	découvre	dépeins	dois
tu	découvres	dépeins	dois
il/elle	découvre	dépeint	doit
nous	découvrons	dépeignons	devons
vous	découvrez	dépeignez	devez
ils/elles	découvrent	dépeignent	doivent
Perfect	j'ai découvert	j'ai dépeint	j'ai dû
Future	je découvrirai	je dépeindrai	je devrai
Subjunctive	je découvre	je dépeigne	je doive

	dire (to say)	disparaître (to disappear)	dormir (to sleep)
Present			
je	dis	disparais	dors
tu	dis	disparais	dors
il/elle	dit	disparaît	dort
nous	disons	disparaissons	dormons
vous	dites	disparaissez	dormez
ils/elles	disent	disparaissent	dorment
Perfect	j'ai dit	j'ai disparu	j'ai dormi
Future	je dirai	je disparaîtrai	je dormirai
Subjunctive	je dise	je disparaisse	je dorme

	écrire (to write)	envoyer (to send)	éteindre (to extinguish)
Present			
je/j'	écris	envoie	éteins
tu	écris	envoies	éteins
il/elle	écrit	envoie	éteint
nous	écrivons	envoyons	éteignons
vous	écrivez	envoyez	éteignez
ils/elles	écrivent	envoient	éteignent
Perfect	j'ai écrit	j'ai envoyé	j'ai éteint
Future	j'écrirai	j'enverrai	j'éteindrai
Subjunctive	j'écrive	j'envoie	j'éteigne

	faire (to do, make)	falloir (to be necessary)	interdire (to forbid)
Present			
je/j'	fais	–	interdis
tu	fais	–	interdis
il/elle	fait	il faut	interdit
nous	faisons	–	interdisons
vous	faites	–	interdisez
ils/elles	font	–	interdisent
Perfect	j'ai fait	il a fallu	j'ai interdit
Future	je ferai	il faudra	j'interdirai
Subjunctive	je fasse	il faille	j'interdise

	joindre (to join)	lire (to read)	mettre (to put)
Present			
je	joins	lis	mets
tu	joins	lis	mets
il/elle	joint	lit	met
nous	joignons	lisons	mettons
vous	joignez	lisez	mettez
ils/elles	joignent	lisent	mettent
Perfect	j'ai joint	j'ai lu	j'ai mis
Future	je joindrai	je lirai	je mettrai
Subjunctive	je joigne	je lise	je mette

	naître (to be born)	nuire à (to harm)	obtenir (to obtain)
Present			
je/j'	nais	nuis	obtiens
tu	nais	nuis	obtiens
il/elle	naît	nuit	obtient
nous	naissons	nuisons	obtenons
vous	naissez	nuisez	obtenez
ils/elles	naissent	nuisent	obtiennent
Perfect	je suis né	j'ai nui	j'ai obtenu
Future	je naîtrai	je nuirai	j'obtiendrai
Subjunctive	je naisse	je nuise	j'obtienne

	offrir (to offer)	partir (to leave)	se plaindre (to complain)
Present			
je/j'	offre	pars	me plains
tu	offres	pars	te plains
il/elle	offre	part	se plaint
nous	offrons	partons	nous plaignons
vous	offrez	partez	vous plaignez
ils/elles	offrent	partent	se plaignent
Perfect	j'ai offert	je suis parti	je me suis plaint
Future	j'offrirai	je partirai	je me plaindrai
Subjunctive	j'offre	je parte	je me plaigne

	plaire (to please)	pouvoir (to be able)	prendre (to take)
Present			
je	plais	peux (puis)	prends
tu	plais	peux	prends
il/elle	plaît	peut	prend
nous	plaisons	pouvons	prenons
vous	plaisez	pouvez	prenez
ils/elles	plaisent	peuvent	prennent
Perfect	j'ai plu	j'ai pu	j'ai pris
Future	je plairai	je pourrai	je prendrai
Subjunctive	je plaise	je puisse	je prenne

	recevoir (to receive)	résoudre (to solve)	savoir (to know)
Present			
je	reçois	résous	sais
tu	reçois	résous	sais
il/elle	reçoit	résout	sait
nous	recevons	résolvons	savons
vous	recevez	résolvez	savez
ils/elles	reçoivent	résolvent	savent
Perfect	j'ai reçu	j'ai résolu	j'ai su
Future	je recevrai	je résoudrai	je saurai
Subjunctive	je reçoive	je résolve	je sache

	sentir (to feel, smell)	servir (to serve)	sortir (to go out)
Present			
je	sens	sers	sors
tu	sens	sers	sors
il/elle	sent	sert	sort
nous	sentons	servons	sortons
vous	sentez	servez	sortez
ils/elles	sentent	servent	sortent
Perfect	j'ai senti	j'ai servi	j'ai sorti
Future	je sentirai	je servirai	je sortirai
Subjunctive	je sente	je serve	je sorte

	sourire (to smile)	suivre (to follow)	valoir (to be worth)
Present			
je	souris	suis	vaux
tu	souris	suis	vaux
il/elle	sourit	suit	vaut
nous	sourions	suivons	valons
vous	souriez	suivez	valez
ils/elles	sourient	suivent	valent
Perfect	j'ai souri	j'ai suivi	j'ai valu
Future	je sourirai	je suivrai	je vaudrai
Subjunctive	je sourie	je suive	je vaille

	venir (to come)	vivre (to live)	voir (to see)	vouloir (to want)
Present				
je	viens	vis	vois	veux
tu	viens	vis	vois	veux
il/elle	vient	vit	voit	veut
nous	venons	vivons	voyons	voulons
vous	venez	vivez	voyez	voulez
ils/elles	viennent	vivent	voient	veulent
Perfect	je suis venu	j'ai vécu	j'ai vu	j'ai voulu
Future	je viendrai	je vivrai	je verrai	je voudrai
Subjunctive	je vienne	je vive	je voie	je veuille

NOTE:

admettre, omettre (to omit),   are like **METTRE**
  permettre, promettre

construire (to build),   are like **CONDUIRE**
  cuire (to cook),
  détruire (to destroy)

produire (to produce),   are like **RECEVOIR**
  réduire (to reduce),
  décevoir (to disappoint),

s'apercevoir (to notice, conjugated with **être**), **devenir** (to become), **se souvenir de** (to remember)	are like	**VENIR**
desservir (to serve)	is like	**SERVIR**
élire (to elect)	is like	**LIRE**
s'inscrire (to enrol)	is like	**ECRIRE**
paraître (to appear)	is like	**DISPARAÎTRE**
se recueillir (to meditate)	is like	**ACCUEILLIR**
reconnaître (to recognize)	is like	**CONNAÎTRE**

APPENDIX 3: FRENCH GENDERS SIMPLIFIED

MASCULINE are:

a) Days of the week:

le lundi, le mardi, le mercredi, etc.

b) Months:

janvier, février, mars, etc.
Example:
Juillet est généralement beau.

c) Seasons:

le printemps, l'été, l'automne, l'hiver
Example:
en plein été

d) Points of the compass:

le nord, le sud, l'est, l'ouest, le nord-est, le sud-est
Example:
Mon jardin est situé au sud-ouest.

e) Trees:

le poirier, le pommier, le sapin (fir), **le chêne** (oak)

f) Most metals:

l'or (gold), **l'argent** (silver), **le fer** (iron), **le plomb** (lead)

g) Metric weights and measures:

le gramme, le litre, le kilomètre

h) Countries (not ending in **-e**):

le Brésil, le Canada, le Danemark, le Japon, le Portugal

i) Languages:

l'arabe, le chinois, le danois, le finnois, le grec, le japonais, le norvégien, le polonais, le portugais, le roumain, le russe, le suédois, le turc

j) Most nouns ending in:

-acle	**le spectacle**
-age	**le voyage**
-eau	**le bateau**
-ège	**le piège** (trap)
-eur	**le directeur**
-ment	**le parlement**
-o	**le numéro**
-oir	**le couloir**
-isme	**le communisme**

FEMININE are:

a) Most countries ending in **-e**:

la Chine, la Finlande, la France, la Grèce, la Hongrie, la Norvège, la Pologne, la Roumanie, la Russie, la Suède, la Turquie

b) Most arts and sciences:

l'architecture, la peinture, la sculpture, la biologie, la chimie, la médecine

c) Most nouns ending in:

-aison	**la raison**
-ance	**la correspondance**
-ée	**la journée**
-esse	**la détresse**
-euse	**la photocopieuse**
-ière	**la carrière**
-sion	**la démission** (resignation)
-tion	**la prononciation**
-xion	**la réflexion**
-onne	**la couronne** (crown)
-trice	**la directrice**

Key to exercises

Lesson 1

Exercise 1 1 Faux. 2 Faux. 3 Vrai. 4 Vrai. 5 Faux. 6 Vrai. 7 Faux. 8 Faux. 9 Faux. 10 Vrai.

Exercise 2 1 Généralement le mot 'épinglette ...'/le mot 'épinglette' n'est généralement pas ... 2 J'ai récemment assisté .../Récemment j'ai assisté ... 3 Elle est follement amoureuse de lui. 4 ... suffisamment de porte-clefs. 5 Habituellement une telle passion ... 6 Personnellement, cette manie ...

Exercise 3 1 Non, nous l'avons depuis une semaine. 2 Non, elles distribuent des cadeaux depuis un an. 3 Non, je fais la collection de timbres depuis (le mois de) juillet. 4 Non, ils travaillent à la chaine dans cette usine depuis le 1er juin seulement. 5 Non, je ne suis plus au SMIC depuis le mois dernier.

Exercise 4 job/poste; manager/gérant; drugstore; relaxe/détendu; disc-jockey; hobby/passe-temps; jogging; bowling; jazz; test/épreuve; must/nécessité; look/image; blazer en tweed; jean; weekend/week-end/fin de semaine (Can.); cottage/maison de campagne; parking/parc de stationnement (less common).

Lesson 2

Exercise 5 1 Ils courent le risque de perdre leurs traditions nationales. 2 Elles sont basées sur des événements historiques, religieux, sur des fêtes civiles ou des particularités régionales. 3 C'est leur fête nationale qui commémore la prise de la Bastille en 1789 par le peuple de Paris et marque la fin de l'Ancien Régime. 4 A Paris par des défilés militaires sur les Champs-Elysées et partout en France par des bals populaires, des feux d'artifice, des fêtes foraines et des batailles de confettis. 5 C'est l'anniversaire de l'Armistice qui a mis fin à la Première Guerre mondiale. 6 A l'anniversaire de la victoire de la Deuxième Guerre mondiale en 1945. 7 Ils se reposent puisque c'est la Fête du Travail, donc un jour chômé. Ils peuvent aussi

s'offrir des brins de muguet en signe d'amitié 8 Les Français
réveillonnent ou bien chez eux ou bien ils se paient le luxe du
restaurant. Les jeunes préfèrent réveillonner entre eux dans les
boîtes. A minuit tout le monde s'embrasse et trinque en
l'honneur de la nouvelle année. 9 On peut envoyer ses cartes
de bons vœux jusqu'à la fin du mois de janvier. 10 Les enfants
reçoivent leurs étrennes, les adultes prennent leurs bonnes
résolutions et on présente ses meilleurs vœux à tous les
membres de la famille qu'on ne verra probablement qu'une
fois dans l'année.

Exercise 6 1 Mais non, ils se sont déjà recueillis devant le
monument aux morts. 2 Mais non, je me suis déjà levé de table
pour servir le vin rouge. 3 Mais non, elle s'est déjà préparé son
plat favori. 4 Mais non, nous nous sommes déjà offert des brins
de muguet.

Exercise 7 1 nationales. 2 régionaux. 3 internationaux.
4 communales. a) chevaux. b) bals. c) festivals. d) canaux.

Exercise 8 1 Il est nécessaire de ... 2 Il est clair que ...
3 ... il sera exactement midi/minuit. 4 ... ce sont les idées du
gouvernement. 5 Ce sera difficile.

Exercise 9 1 le premier janvier. 2 le premier mai. 3 le onze
novembre. 4 le trente et un décembre. 5 le vingt-cinq
décembre. 6 le premier avril.

Exercise 10 boum/soirée dansante; nanas/(jeunes) filles;
fac/faculté; boulot/ travail; bagnole/voiture; pinard/vin;
clopes/cigarettes; fringues/vêtements; pot/verre; bistrot/café;
fauché/volé; flics/agents de police; gars/jeunes (gens);
fric/argent; panier à salade/fourgon cellulaire.

Lesson 3

Exercise 11 1 Faux. Elle a lieu le six janvier. 2 Vrai. 3 Vrai.
4 Faux. Pâques symbolise la résurrection de Jésus Christ. 5 Vrai.
6 Faux. Le vendredi saint est un jour ouvrable où l'on travaille
normalement. 7 Faux. Ils se mettent sur leur trente et un pour

le réveillon qui peut être composé d'huîtres, de foie gras, d'une volaille ou d'un gibier et de la bûche. 8 Vrai. 9 Vrai. 10 Faux. C'est un plat très cher.

Exercise 12 1 Oui, bien sûr. Ils se sont déjà téléphoné hier et pourquoi pas aujourd'hui? 2 Elles se sont déjà bien vendues hier et ...? 3 Je me suis déjà lavé la tête hier et ...? 4 Nous nous sommes déjà écrit des billets doux hier et ...? 5 Nous nous sommes déjà regardés en chien de faïence hier et ...?

Exercise 13 1 s'est écrasé. 2 s'est rendu. 3 a accueilli. 4 a fait. 5 se sont amusés et ont dansé. 6 a annonçé. 7 est entrée. 8 est devenu.

Exercise 14 1 dormir sur mes deux oreilles. 2 vu trente-six chandelles. 3 dire ses quatre vérités. 4 fait d'une pierre deux coups.

Exercise 15 Formal style: Excusez-moi, je ne sais pas ce que c'est qu'un 'kir royal'. Oh, je n'aime ni le champagne, ni la liqueur de cassis. Je prendrai un whisky. Un saumon fumé, des huîtres et une terrine de poisson. 'Trou normand', un trou en Normandie? Qu'est-ce que c'est exactement? C'est très original. J'aimerais/je vais essayer. Je crois que je vais prendre le pavé de bœuf avec les légumes. Est-ce que je peux aussi avoir une bouteille d'eau minérale, s'il vous plaît?
Informal style: Le repas était super et l'ambiance super chouette. Est-ce que tu veux dire que tu as trop bouffé? As-tu la gueule de bois? C'est vrai, tu étais un peu saoul. Bonne année tout de même!

Exercise 16 Hello grown-ups! I've been waiting to meet you for a long time. I can only marvel at everything I see. Thank you for your warm welcome. Rest assured, I need very little room. Well, there you are, I'm very well and I already love you all. My parents are delighted.

Lesson 4

Exercise 17 1 Ils sont tous les deux pavés de bonnes intentions. 2 Ils constatent que leurs enfants n'ont souvent mémorisé que quelques formules banales, mais ils ont par contre enrichi leur vocabulaire de mots grossiers inutiles et même nuisibles pour un oral d'examen. 3 En n'attendant pas de leurs enfants des résultats spectaculaires; après un, deux ou même trois séjours. 4 L'enfant bénéficiera de la découverte d'une culture et d'un pays différents ainsi que d'un intérêt nouveau pour une autre langue. 5 Il faut choisir la formule la mieux adaptée à l'enfant et la plus rassurante pour ses parents. 6 Les formules possibles sont les suivantes: en famille, en collège, en camp de jeunes, avec tennis, à cheval, en bateau, à bicyclette.

Exercise 18 1 J'irai par le/en train. 2 Vous pouvez y aller en métro. 3 Nous nous déplacerons en traîneau. 4 Tu vas la traverser en montgolfière. 5 ... j'irai à cheval.

Exercise 19 1 amélioreraient; étaient. 2 pourriez; preniez. 3 avait; choisirait. 4 aurions étudié; avaient été. 5 n'auriez pas dû répondre.

Exercise 20 1 Non, elles sont inacceptables. 2 Non, c'est improbable. 3 Non, il est malheureux. 4 Non, je suis mécontent. 5 Non, c'est anormal. 6 Non, c'est un verbe irrégulier.

Exercise 21 1 J'ai réussi à (trois examens). 2 (le temps) a vite passé. 3 passer par (un quartier encombré). 4 j'ai croisé. 5 de continuer/de ne pas m'arrêter. 6 ma carte d'étudiant/mon laisser-passer. 7 me faire passer pour. 8 on a fait circuler. 9 s'est évanoui/est tombé dans les pommes (fam.). 10 j'étais reçu avec mention. 11 'je passe'.

Exercise 22 1 Mieux vaut tard que jamais. 2 ... quand les poules auront des dents. 3 Le malheur des uns fait le bonheur des autres. 4 Quand le chat n'est pas là, les souris dansent.

Exercise 23 – Absolument. Elle n'a pas du tout été déçue. Elle a considérablement enrichi son vocabulaire, y compris les gros mots, mais pourquoi pas, après tout, ils font partie de la langue. Elle a aussi découvert un pays différent, avec ses traditions et sa culture, un pays qu'elle ne connaissait pas du tout.

– Nous avons choisi la formule qui convenait le mieux à notre fille, c'est-à-dire le séjour en famille le soir et aux week-ends pour améliorer sa compréhension orale et pour pratiquer la langue; elle a assisté aussi à des cours dans un collège tous les matins.

– Selon ma fille, elle avait l'impression que les cours l'ont aidée à maîtriser la syntaxe de la langue et aussi les conjugaisons. Elle sait maintenant utiliser les verbes irréguliers plus facilement et plus rapidement qu'avant.

– Oui, un peu au début. Mais elle est partie en France avec de bonnes intentions et elle a fait un effort considérable pour profiter/ bénéficier au maximum de son séjour à l'étranger. Elle a beaucoup regardé la télé, elle est allée au cinéma et a participé à tous ses sports favoris comme le tennis, l'équitation et la bicyclette.

– Oui, très bien mais, bien sûr, elle était contente de rentrer. Elle a l'intention de retourner à nouveau en France dès que possible/aussitôt que possible.

Lesson 5

Exercise 24 1 Vrai. 2 Faux. L'année est heureusement ponctuée de vacances tant attendues. 3 Faux. Ils/elles passent plus de temps au bureau, car leurs soirées sont parfois écourtées par une réunion professionnelle ou par quelques courses à faire. 4 Faux. L'horaire flottant permet à chacun d'arriver et de partir à l'heure qui lui convient, mais il faut respecter une certaine fourchette. 5 Faux. Les collègues sont généralement sympa, les relations sont bonnes mais, bien sûr, certains chefs de service sont impossibles/imbuvables. 6 Vrai. 7 Faux. Il y a eu de longues négociations. 8 Faux. Il a repris des activités sportives. 9 Faux. Son salaire est gelé. 10 Faux. L'entreprise a embauché deux salariés.

Exercise 25 1 vous remercier du jour de congé supplémentaire. 2 Il s'intéresse particulièrement aux possibilités. 3 dépendra des efforts et de la motivation. 4 approuvent la nouvelle idée. 5 attend l'introduction. 6 Je pense toujours au risque.

Exercise 26 1 marée noire. 2 L'Europe verte. 3 la liste rouge. 4 rit jaune. 5 une peur bleue. 6 passé une nuit blanche.

Exercise 27 1B; 2D; 3A; 4C.

Exercise 28 Tous les jours, c'est la même routine; Tôt le matin; Ils passent la plus grande partie de la journé; Le soir ils retournent/rentrent chez eux; A huit heures du matin; A une heure de l'après-midi; A sept heures du soir; 8 à 9 heures de travail par jour; il s'installe pour la soirée; Un de ces jours; 60 ans ou plutôt 65 ans; dans quelques années.

Exercise 29 – Ne quittez pas, s'il vous plaît ... Allô, la ligne est occupée en ce moment. Voulez-vous rester en ligne ou préférez vous rappeler plus tard?
– Excusez-moi, je vous entends mal, la ligne est très mauvaise. Voulez-vous bien épeler votre nom?
– Un petit instant, s'il vous plaît ... Allô, malheureusement Madame Nicholson n'est pas dans son bureau. Je vais essayer un autre numéro ... Allô, Madame Nicholson est en réunion en ce moment. Voulez-vous laisser un message?
– Apparemment, Madame Nicholson est en déplacement pour toute la journée. Est-ce que je peux faire quelque chose pour vous?
– D'habitude entre 9 et 10 heures du matin.
– Un moment, s'il vous plaît ... Allô, oui, Madame Nicholson est là, mais elle sera occupée toute la journée à interviewer les candidats pour le poste vacant d'ingénieur-informaticien.

Exercise 30

Compumark

Turnover: 50 million euros. Workforce: 100

We are the pioneers and leaders in the field of computing and we are looking for a Sales Manager (M/F).

Your duties:

You will be responsible for marketing and sales development

You will consolidate our position on the national market

You will create new outlets abroad

You offer:

A university-level education

At least 6 years' experience in sales

A complete mastery of English

The qualities of a negotiator and a sense of creativity.

We offer:

An opportunity for an interesting career.

An attractive remuneration (76000 euros) a year + bonus

Please send your application: CV, photo, handwritten covering letter and present salary, quoting ref. 234A.

Madame B. Lenoir

Head of Personnel

Compumark

Rue du 11 novembre

50000 Saint-Lô

Lesson 6

Exercise 31 1 Il a été capturé par les Anglais à la bataille de Poitiers. 2 en payant une rançon de 3 millions d'écus. 3 'libre'. 4 parce qu'elle célèbre l'arrivée de l'euro. 5 sous forme de concerts, de spectacles et de feux d'artifice. 6 au Pont neuf. 7 un arbre, la Semeuse et la tête de Marianne. 8 l'arbre est le symbole de la vie et de la croissance. La Semeuse représente une nation créatrice. Marianne est le symbole de la République. 9 Ce sont les ponts, les portes et les fenêtres. Ils représentent la solidarité entre les peuples et l'ouverture vers l'extérieur. 10 Non, ils sont fictifs.

Exercise 32 1 Dès le premier janvier/à partir du premier janvier. 2 Depuis février dernier. 3 Dans quelques jours. 4 au plus tard. 5 Dans les années qui viennent. 6 D'ici là.

Exercise 33 1 Tout le temps que le mot 'franc' restera ... il survivra. 2 Aussitôt que les vaches auront été vaccinées, on supprimera .... 3 Tant qu'on aura peur ... la nourriture bio se vendra bien. 4 Après qu'on aura émis de ... il faudra .... 5 Lorsque l'euro sera créé, les prix des marchandises devront être affichés en euros.

Exercise 34 1 Belgique, les Belges. 2 Luxembourg, les Luxembourgeois. 3 Royaume-Uni, les Britanniques. 4 Irlande, les Irlandais. 5 Pays-Bas, les Néerlandais.

Exercise 35 1 0,45 euro. 2 1,05. 3 6,75. 4 22,5. 5 90. 6 15 000.

Lesson 7

Exercise 36 1 Celui des années 80 est comparé à une cigale frivole qui aime le luxe; celui des années 90 est comparé à une fourmi (économe et travailleuse). 2 Ils économisent/font des économies sur tout: ils utilisent les restes, éteignent la lumière en leur absence, font leurs courses dans les hard-discounters, préfèrent acheter les marques distributeur, choisissent les voitures au diesel et l'essence sans plomb qui est moins chère/coûteuse. 3 Une mère de famille achètera des chaussures de sport de marque pour ses enfants mais, par contre, elle se contentera de produits alimentaires très bon marché. 4 1991 – 273F Deux cent soixante-treize francs; 1992 – 258F Deux cent cinquante-huit francs. 5 La vente des vins fins augmente par rapport aux vins ordinaires, les dégustations et les foires aux bons vins remportent un grand succès. On n'hésite pas à se payer une bonne bouteille le dimanche grâce aux économies faites sur les produits de base. 6 Les vacances sont parfois raccourcies, mais la sortie du dimanche à la campagne est toujours en vogue, comme le montre l'augmentation des dépenses pour l'essence. 7 Dépenses obligatoires: les enfants, les vêtements, le logement, l'électroménager, l'alimentation, les soins médicaux. Dépenses facultatives: la voiture, les soins de beauté, le tabac et les boissons. 8 Il conclut que les marchandises de qualité, durables, originales marchent/se vendent bien, comme c'est le cas dans le commerce du disque qui a progressé de 20% cette année par rapport à l'année précédente.

Exercise 37 1 faites. 2 éteints. 3 crue; vue. 4 offerts. 5 taxés.

Exercise 38 1 un coup de main. 2 aux coups de cœur. 3 un coup de chance/de pot. 4 un coup de cafard. 5 le coup d'envoi.

Exercise 39 Advert 1: 1 the Campanile restaurants. 2 the varied choice of foods: mixed salads, cold fish, cold meats, cheeses and the delicious desserts. 3 the warm welcome, the prices and the delights of traditional cuisine. Advert 2: 1 les Galeries Lafayettes, a large department store. 2 It's the last day to obtain a 15% reduction on many items such as fashion, furniture and household goods, beauty products, soft furnishings and ornaments. 3 Haussmann and Montparnasse. Advert 3: 1 A health magazine called Top Santé. 2 The magazine tells you: how to remain young after 40, how a pet can help you get better, all you need to know about medical check-ups and how to make the most of them. 3 He'll explain why your child is always tired. Advert 4: 1 Le petit Futé France, a 900-page guide listing the well-known and not so well-known parts of France. 2 The guide offers itineraries and superb short trips all over France, a list of charming country inns and gîtes, picturesque places and hidden beauty spots. 3 RTL (Radio-Télé-Luxembourg).

Exercise 40 1 extrêmement démunie, sans provisions. 2 Quand le vent froid du nord commença à souffler. 3 se plaindre de ne rien avoir à manger. 4 Je vous jure sur ma tête que je les rendrai avant l'été. 5 Je chantais à longueur de temps à tous ceux qui passaient.

Lesson 8

Exercise 41 1 Faux. Caen est extrêmement bien reliée à Paris par le turbotrain; elle est desservie par un aéroport et bénéficie d'une ouverture sur la Manche par le canal de Caen. 2 Faux. Caen est parfois appelée 'la ville aux cent clochers'. 3 Vrai. 4 Vrai. 5 Faux. Elle a servi de lycée et aujourd'hui elle est utilisée comme Hôtel de Ville. 6 Vrai. 7 Faux. En 1450. 8 Vrai. 9 Vrai. 10 Faux. La ville est connue pour la recette des tripes à la mode de Caen.

Exercise 42 vous fassiez; vous vous astreigniez; vous sachiez; vous sortiez; vous ne puissiez pas; vous soyez; vous ayez; on ne revienne.

Exercise 43 The order in which the words were spoken was:

1	bain	bon	banc	2	ment	main	mon
3	ton	temps	teint	4	jus	joue	
5	roue	rue		6	toux	tu	
7	sang	son	sain	8	pu	pouls.	

Exercise 44 – Oui, nous (nous) sommes perdus comme d'habitude. Nous venons de débarquer du ferry à Ouistreham, près de Caen. A vrai dire, nous faisons du cyclotourisme.

– Eh bien, il y a bien sûr nos liens historiques et en dépit de/ malgré nos quelques petits différends, la France reste notre voisine la plus proche, surtout pour un cycliste/quand on est à bicyclette.

– Oui, nous étions dans la région de Caen l'année dernière. Nous avons visité les deux Abbayes, le Musée des Beaux Arts et les plages normandes où le débarquement a eu lieu il y a soixante ans.

– Oui, nous voulons aller voir la Tapisserie de la Reine Mathilde à Bayeux qui représente/dépeint la conquête normande. Tout le monde est d'accord pour dire que c'est un chef-d'œuvre. On y passera la nuit et on se paiera sans doute un bon repas dans un restaurant.

– La première étape sera à Coutances. Nous espérons arriver à temps pour assister à un concert dans la cathédrale et pour nous promener dans le jardin public illuminé.

– Oui, excellente idée. Plus tard nous descendrons sur Granville

par la côte où nous avons rendez-vous avec/nous allons rencontrer des amis qui arrivent de Jersey.
– Probablement le Mont Saint-Michel, si le vent souffle dans la bonne direction! Nous espérons voir l'Abbaye encerclée par la mer, mais si j'ai bien compris, cela n'arrive que les jours de grande marée.

Exercise 45 The ingredients: 1kg tripe, 2 calf's feet, 100g bacon rind, a little bone marrow, 4 carrots, onions pierced with cloves, thyme, bay leaf, parsley, tarragon, garlic, peppercorns, the white part of a leek, 1 litre of extra dry cider, 2 liqueur glasses of calvados. Translation: 1 Pour over 2 liqueur glasses of calvados. 2 A cast-iron casserole. 3 Place on the hob and bring to the boil. 4 Seal the edges of the lid with a paste.

Lesson 9

Exercise 46 1 Vote massif en faveur de la droite. 2 Résultats très décevants pour le PCF. C'est une grande défaite. 3 Panique, détresse à gauche devant l'élimination de leur candidat en faveur de celui du FN, suivie d'un violent mécontentement. 4 Le taux élevé d'abstentions au premier tour a contribué à la victoire humiliante d'un candidat d'extrême droite.

Exercise 47 1 fasse; combatte; construise. 2 puisse. 3 ait. 4 aille; soit. 5 veuille; obtienne.

Exercise 48 1 son mémoire. 2 le mode d'emploi. 3 au poste de police? 4 C'est la tour Eiffel, la tour de Londres et la tour penchée de Pise. 5 fait la manche. 6 à la mode. 7 s'est débrouillé comme un manche. 8 ont la mémoire courte. 9 cachet de la poste faisant foi.

Exercise 49 – Eh bien, j'ai vingt ans et je peux te dire que, lorsque j'avais dix-huit ans, ce n'était pas aussi formidable que ça. – Je suis peut-être majeur, mais je ne suis certainement pas libre de faire ce que je veux. A vrai dire, sans argent on n'est pas libre. Et quant à mon droit de vote, je n'ai pas encore eu l'occasion de déposer un seul bulletin de vote dans l'urne. – Dimanche? Donc, en France le jour des élections tombe un

dimanche? Mais est-ce que ça n'a pas un effet négatif sur le taux de participation?
– Qu'est-ce que tu veux dire par le 'deuxième tour de scrutin'? Est-ce que les Français votent deux fois? Deux dimanches différents?
– Peux-tu brièvement m'expliquer comment fonctionnent les élections présidentielles?
– Et ensuite?
– A ton avis, quand est-ce que tu pourras voter pour la première fois?
– Et qu'est-ce que tu dois faire exactement pour pouvoir faire partie de l'électorat français?
– Bien sûr, je ne vais pas te demander quel parti politique tu soutiens, car ce serait quelque peu indiscret, mais est-ce que je peux te demander si tu suis la politique française de près?

Key to self-assessments

Test 1

A 1 Nous nous intéressons aux sports d'équipe depuis trois ans. 2 Le golf est devenu très populaire depuis l'année dernière/l'an dernier. 3 Puisque je suis contre le franglais, il va sans dire que je préfère/j'aime mieux le mot 'épinglette'.

B 1 habituellement. 2 fièrement. 3 récemment. 4 agréablement.

C 1b; 2c.

D 1 un emploi, un travail intéressant. 2 C'est mon baladeur. 3 Mon passe-temps préféré. 4 C'est un nouveau gérant.

E 1 Elle s'est présentée à l'examen. 2 Il s'est levé à 7 heures. 3 Elle s'est préparé un repas délicieux. 4 Nous nous sommes évités. 5 Elle s'est brûlé la jambe. 6 Le champagne se vend bien à Noël.

F 1 deux cents livres. 2 trois cent vingt euros. 3 trois millions de centimes. 4 soixante et onze jours. 5 quatre-vingt-cinq drapeaux.

G 1 sont venus. 2 Je suis allée. 3 sont devenus. 4 Je n'ai jamais sorti. 5 Elle est sortie.

H 1 Bon anniversaire. 2 Bon appétit. 3 Bonne route. 4 Amusez-vous bien.

I 1 trente-six. 2 quatre. 3 trente et un. 4 quart. 5 deux.

J 2; 4; 9.

K 1 Mieux vaut tard que jamais. 2 Quand les poules auront des dents. 3 Le malheur des uns fait le bonheur des autres.

L 1 avions; offririons. 2 pouviez; gagneriez. 3 lisait; ferait. 4 auriez dû.

M 1 Il est certain que nous célèbrerons le14 juillet. 2 Il est minuit. Je te/vous souhaite une bonne et heureuse année. 3 Nous pensons que ce sera un bon réveillon. 4 L'ancien directeur… 5 Ça, c'est une chose certaine.

N 1 des. 2 du. 3 à. 4 aux. 5 –.

O 1 être sur la liste rouge. 2 passer une nuit blanche. 3 rire jaune. 4 une marée noire.

P – Un petit instant, s'il vous plaît… Allô, la ligne est occupée. Voulez-vous rester en ligne?
– Je suis désolée, elle est occupée sur l'autre ligne. Je vais lui demander de vous rappeler.
– Je suis désolée, mais vous vous êtes trompé de numéro.
– Malheureusement, le bureau est fermé. Voulez-vous bien laisser votre message et votre numéro de téléphone et nous vous rappellerons aussitôt que possible.

Score:
80%–100%: Excellent. Congratulations!
60%–79%: Good/Very good. Progressing well.
45%–59%: Satisfactory. You need, nevertheless, to devote more time to your studies.
Below 44: Serious revision needed.

Test 2

A 1 A partir du premier janvier/dès le premier janvier 300 millions d'Européens utiliseront la même monnaie. 2 Dans quelques jours, tous les pays de la zone euro partageront l'euro. 3 Vous pouvez/tu peux échanger vos/tes francs jusqu'à la fin du mois au plus tard. 4 Dans les années qui viennent, il y aura plus de/davantage de pays dans la zone euro.

B 1 deviendra. 2 serai. 3 irons. 4 pourrait.

C 1 un tigre. 2 l'ours. 3 chien. 4 loup.

D 1 faites. 2 lue. 3 offerts. 4 choisies, achetées. 5 connue.

E 1 Je suis sur la paille. 2 J'ai du mal à joindre les deux bouts.
3 Je suis radin. 4 Je roule sur l'or.

F 1 fassiez. 2 ait été. 3 comprenne. 4 puissent.

G 1 environ. 2 sur. 3 De combien. 4 pendant une heure. 5 de.

H 1 C'est le seul candidat qui soit résolu à faire un discours.
2 Il n'y a pas un seul homme politique qui sache résoudre le
problème du chômage. 3 Quels que soient les résultats de
ces élections, la récession continuera encore quelques
années.

I – Oui, nous faisons du cyclotourisme et nous sommes
perdus. Nous cherchons la direction de Bayeux.
– Oui, c'est apparemment un superbe chef-d'œuvre qui
dépeint la conquête normande. Nous avons aussi l'intention
de flâner dans les rues pittoresques autour de la cathédrale,
car nous nous intéressons tous les deux aux immeubles
anciens.
– Nous aimerions bien aller jusqu'au Mont Saint-Michel et
en profiter pour goûter à quelques-unes des spécialités de la
région. A propos, pouvez-vous nous dire pourquoi il y a
tant/tellement de monde dans les rues aujourd'hui?
– Ah bon, vous votez donc le dimanche en France? Mais
est-ce que ça n'a pas un effet négatif sur le taux de
participation, surtout s'il fait beau comme aujourd'hui?
– Est-ce que vous allez voter aujourd'hui?
– J'espère que vous ne serez pas déçu par le résultat des
élections. Merci de votre aide. Il se fait tard et il faut qu'on
se remette en route. Au revoir et merci.

Score:
80%–100%   Excellent. Congratulations!
60%–79%   Good/Very good. You have done well!
45%-59%   Satisfactory. You need, nevertheless, to devote
             more time to your studies.
Below 44%   Serious revision needed.

Mini-dictionary

Although the following is not an exhaustive list of words found in the book, it will be helpful as a quick reference. It is assumed that at this level of attainment in French, the learner will be in possession of a good dictionary, which will do much greater justice to the nuance and range of meaning of French words.

abaisser to lower
aborder to tackle; to arrive at
  aborder les difficultés to tackle the difficulties
accroître (irr.) to increase
accueillir (irr.) to welcome
actifs (m. pl.) people in employment
actuellement at present
agneau (m.) lamb
alcootest (m.) breathalyser test
allocation (f.) de chômage unemployment benefit
almond (f.) almond
amateur (m.) enthusiast
améliorer to improve
s'amuser to enjoy oneself
ancien (-ienne, f.) former; old
  ancien combattant ex-serviceman
s'apercevoir (irr.) to realize
appareil photo numérique (m.) digital camera
appellation (f.) name
arborer to wear, display
à l'arrière at the back
arroser to wash down; to water

aspirateur (m.) vacuum cleaner
assister à to attend
atout (m.) asset
atteindre (irr.) to reach
attirer to attract
avaler to swallow
avis (m.) opinion
  à mon avis in my opinion

bain (m.) bath
  bain de foule walkabout
  bain linguistique immersion course
baladeur (m.) Walkman
baptême (m.) christening
  baptême de l'air first flight
barrage (m.) barrier
beignet (m.) fritter
besoin (m.) need
  avoir besoin de to need
bordure (f.) edge
  en bordure de mer by the sea
bouchon (m.) cork; traffic jam
boudin blanc white pudding
bricolage (m.) D.I.Y.
bûche (f.) de Noël Yule log

cadre (m) manager; frame
caméscope (m.) camcorder
candidature (f) application
carême (m.) fasting
Carême Lent
ceinture (f.) belt
  se serrer la c. to tighten one's belt
chaîne (f.) chain
  travailler à la chaîne to work on the production line
  chaîne de télévision TV channel
chaleureux (-euse, f.) warm
chantier (m.) building site
  chantier naval shipyard
chiffre (m.) d'affaires turnover
chômeur (m.) unemployed person
cimetière (m.) cemetery
circonscription (f.) constituency
climatisation (f.) air conditioning
cloche (f.) bell
clocher (m.) church tower
collectionner to collect
commander to order
commerçant (-e, f.) shopkeeper
comportement (m.) behaviour
concurrent (-e, f.) competitor
consacrer to devote
conscient aware
conseil d'administration board of directors

convaincre (irr.) to convince
convoquer to call
cote (f.) popularity
côte (f.) coast
cotiser to contribute
coup (m.) blow
  tout à coup suddenly
coupable guilty
courir (irr.) to run
cours légal, avoir to be legal tender
coutume (f.) custom
crêpe (f.) pancake
crise (f.) crisis
  crise cardiaque heart attack
  crise de foie bilious attack

davantage more
se débarrasser de to get rid of
débordé overworked
débouché (m.) outlet
décennie (f.) decade
décevoir (irr.) to disappoint
dédommager to compensate
défilé (m.) procession
deltaplane (m.) hang gliding
dépasser to exceed
dépeindre (irr.) to depict
déposer to lay
  déposer quelq'un à la gare to drop someone at the station
dépouiller to go through (mail)
dernièrement lately
se dérouler to take place
désaccord (m.) disagreement
se désister to stand down
désormais from now on

détruire (irr.) to destroy
devise (f.) motto; currency
diffuser to broadcast
dinde (f.) turkey
direct
  en direct live
direction (f.) management;
  direction
disparu (-e, f.) deceased
donner lieu à to give
  rise to
drapeau (m.) flag
droit (m.) right
  avoir droit à to be
    entitled to
durer to last

s'écraser to crash
à cet égard in this
  connection
égarer to mislay
élire (irr.) to elect
embaucher to take on
embouteillage (m.) traffic
  jam
émission (f.) broadcast
emporter to take away
s'empresser de to hasten to
emprunter to borrow
encombré congested
endiguer to curb
enquête (f.) survey
entreprise (f.) firm
entrer en vigueur to come
  into effect
entretien (m.) interview;
  maintenance
entrevue (f.) interview
s'épanouir to develop one's
  potential

épingle (f.) pin
époque (f.) time, era
essence sans plomb
  unleaded petrol
estimer to consider
étaler les vacances to stagger
  the holidays
étrennes (f. pl.) New Year's
  gift
événement (m.) event

faire face à to cope with
  faire la grasse matinée to
    have a lie in
  faire maigre to abstain
    from meat
  faire le pont to take an
    extra day's holiday
fête (f.) foraine funfair
feu (m.) d'artifice fireworks
fève (f.) charm; broad bean
fiançailles (f. pl.) engagement
fierté (f.) pride
figurer sur to appear on
flâner to stroll
formation (f.) training
foyer (m.) home
franchir to cross
frapper une pièce to strike a
  coin

galette (f.) round, flat cake
garni de filled with
gelé frozen
gibier (m.) game
gratuitement free of
  charge

heure (f.) H zero hour
  heures d'affluence rush hour

horaire (m.) flottant flexi-time

hors taxe duty free

huître (f.) oyster

immeuble (m.) apartment block

impôt (m.) tax

inonder to flood

à l'intérieur inside

internaute (m.) netsurfer

jaser to gossip, to chat away

jour férié bank holiday

  jour J D-day

  jour ouvrable working day

jumeler to twin

  villes jumelées twinned towns

laisser tomber to drop

lave-vaisselle (m.) dishwasher

librairie (f.) bookshop

licencier to make redundant

lieu (m.) place

  avoir lieu to take place

ligne (f.) figure

lors de during

louange (f.) praise

lutter to fight

magnétoscope (m.) video recorder

marché (m.) market

  par-dessus le marché into the bargain

Mardi gras Pancake Tuesday

marié married

  les jeunes mariés the newlyweds

marron (m.) chestnut

maussade dull

se méfier de to mistrust

mélange (m.) mixture

ménage (m.) household

mendicité (f.) begging

se mettre sur son trente et un to get all dressed up to the nines

micro-ondes (m.) microwave oven

micro-ordinateur (m.) microcomputer

moyen (m.) means, way

  avoir les moyens to be able to afford

naissance (f.) birth

naître (irr.) to be born

niveau (m.) level

occasion (f.) opportunity

  saisir l'occasion to seize the opportunity

  profiter de l'occasion pour to take the opportunity to

œuvre (f.) work(s)

  chef-d'œuvre masterpiece

office (m.) du tourisme tourist office

office religieux religious service

ouvrier (-ière, f.) workman

Pâques Easter

  Joyeuses Pâques Happy Easter

  œuf de Pâques Easter egg

parfois at times

part (f.) share
partager to share
permis (m.) pass
  permis de conduire
  driving licence
phare (m.) headlight
planche (f.) à voile
  windsurfing
en plein air in the open
  air
plupart (f.) most
pont (m.) bridge
  faire le pont to take an
  extra day's holiday
porte-clefs (m.) key ring
à la portée de within
  reach of
pouvoir (m.) d'achat
  purchasing power
prime (f.) bonus
  prime de rendement
  productivity bonus
priver de to deprive of
en promotion on special
  offer

rapport (m.) relationship;
  report
  par rapport à compared
  with
rassembler to gather
à la recherche de in search of
se régaler to have a
  delicious meal
se remettre (irr.) to recover
se rendre to go
rentable profitable
répartir to divide up
restauration (f.) rapide fast
  food

retraite (f.) retirement
réussir to succeed
en revanche on the other
  hand
les Rois Mages the Three
  Wise Men
roue (f.) wheel
rouler to drive

Saint-Sylvestre (f.) New
  Year's Eve
santé (f.) health
  bilan (m.) de santé medical
  checkup
saveur (f.) taste
services (m.) fiscaux tax
  authorities
siècle (m.) century
sigle (m.) abbreviation
SMIC (m.) minimum wage
soigner to take care of
souffler dans un ballon to
  blow into a bag
souscrire (irr.) une
  assurance to take out an
  insurance
speaker (-ine, f.) announcer
  (TV/ radio)
spirituel (-elle, f.) witty
stage (m.) training period
supprimer to remove
surmenage (m.) overwork

tabac (m.) tobacco
  faire un tabac to be a
  great success
taux (m.) rate
  t. de participation
  électorale turnout at the
  polls

télécopie (f.) fax
tentative (f.) attempt
tenter to try
tiède lukewarm
tirer to draw, pull
  tirer les Rois to eat Twelfth
    Night cake
  tirer au sort to draw lots
tiroir (m.) drawer
tombe (f.) grave
tomber to fall
  tomber sur to come
    across
traitement (m.) de texte
  word processor
truite (f.) trout

urne (f.) ballot box
usine (f.) factory

vanter to praise
veille (f.) eve
veiller à to ensure
vélo (m.) tout-terrain
  mountain bike
Vendredi saint Good Friday
vente (f.) aux enchères
  auction
en vigueur in force
viser à to aim at
vœu (m.) wish
  carte de bons vœux
    greetings card
voir (irr.) to see
voire and even
volaille (f.) poultry
volant (m.) steering wheel
vraisemblablement
  probably, very likely

Index